ARMORIAL
VNIVERSEL
CONTENANT
Les Armes des principales Maisons
Estatz et Dignitez des plus conside=
rables Royaumes de l'Europe.
Blazonnées de leurs Métaux &
Couleurs et Enrichies de leurs Or=
nemens exterieurs.
Corrigé et mis en ordre par C.
Segoing Adt en Parlemt
Historiographe du Roy
1660
A Paris
Chez N. Berey
Enlumineur
du Roy au bout
du pont Neuf pro
che les Augustins
aux deux
Globes
9.
Auec Priuilege du Roy

Ex libris [redacted]

la Bande le Cheuron, la Croix et Sautoir, la diuersite et Multiplicité des Croix et Pieces Susdictes, et les principaux Meubles et Animaux qui entrent ou peuuent entrer dans la construction des Armoiries, Et en suitte les Armes de quelques Maisons nobles de france acompagneés de leurs Suportz Cimiers et ornem^t exterieurs dont il a esté parle cy dessus.

La suitte du liure est vn Recueil des noms et Armes des Maisons Familles, Royaumes, Dignitez et Principautez les plus notable de l'Europe, ainsy disposees.

Premierement les Armes des Princes Seigneurs et Gentils hommes de france suiuyes de Celles de sa Sainctete et des Cardinax du Sacré College, des Royaumes d'Espagne, Principautez et Seigneuries d'Allemagne, Comtes et milords d'Angleterre, Prouinces vnies Cantons de Suisse et Grisons et Ambassadeurs Plenipotentiaires, a quoy il a esté nouuellement adjousté vn petit recueil des noms et Armes de Nosseig^rs les Presidens et Con^ers du Grand Conseil, et enfin celles de quelques particuliers qui ont eu la Curiosité de les y faire adjouster, le tout recherche auec soing et exactitude tant pour la position des Pieces et Meubles que pour l'Obseruation des propres Metaux Couleurs et fourrures suiuant la maniere exposée aux Commencement du liure.

On doit obseruer qu'aux Escus qui se trouueront dans ce Recueil, composez de plusieurs quartiers et Alliances, les Armes de Celuy qui est le Chef du nom et de la famille sont mises en l'Escusson sur le tout s'il y an a vn, Sinon elles seront au premier Quartier.

Voyla ce qu'on a Jugé a propos d'inserer icy pour l'esclaircissement et Intelligence des figures figures de ce liure et pour rendre raison de l'Intention de Celuy qui le donne au Public Dont il espere vn accueil fauorable et l'excusé des fautes qui auront eschappé au Burin du Graueur **Sette planche chifrée 132 bis a estée oublier ametre dant les liures jmprimé si deuant**

TABLE DES PIECES principales, meubles & ornemens contenus en ce Recueil.

A

A

TABLE

AVTRE TABLE DES NOMS dont les Armes sont grauées dans ce Recueil.

Biencourt

Luyne,

TABLE

FIN.

Or
Argent
Azur
Gueulles
Sable
Sinople
Pourpre

2

Explication des Sept Escussons cy dessus pour faire cognoistre les Métaux et couleurs qui sont dans les Armes de ce present Livre

Premierement

Celuy qui est piqué c'est or,

Celuy qui est en Blanc c'est Argent

Celuy dont les lignes sont en longueur c'est Azur qui est Bleu,

Celuy dont les Rayes sont en longueur c'est gueule qui est du Rouge,

Celuy dont les traces sont en travers c'est Sinople qui est Verd.

Celuy qui est Coupé en lozange de Vitre c'est Sable qui est Noir

Celuy dont les traictz sont en hauteur et longueur est du pourpre qui est moitié Rouge et moitié Bleu,

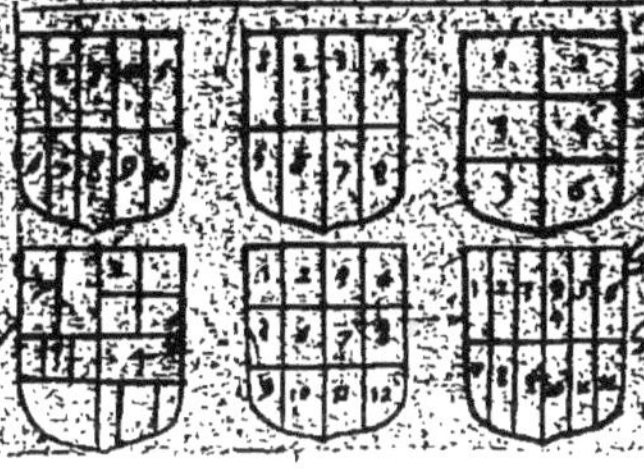

Tel s' porte d'or au lion de gueule

Party au premier et au second 2

Tel s' porte escartelé

Tel s' porte escartelé et sur le tout

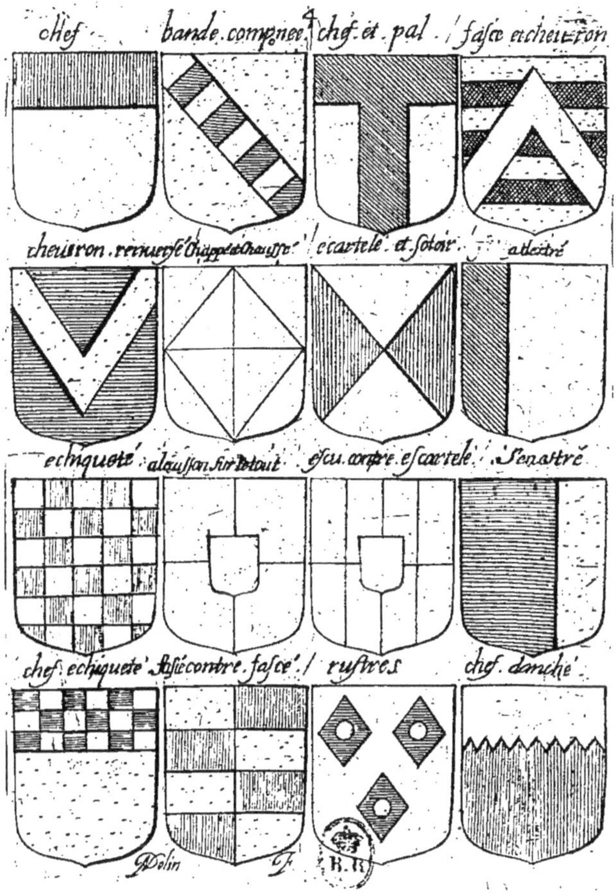

chef
bande. compnee
chef. et. pal
fasce echeuron
cheuron. renuersé
Chappé Chaussé
ecartelé. et sotoir
adextré
echiqueté
alcusson sur letout
escu. contre. escartelé
Senestré
chef. echiqueté
fassé contre. fascé
rustres
chef. danché

Flames
5
Chevron

Croix.
+ Pattee
+ Potencee
+ Recroisee.
+ florencee,
+ Couppee
Trefflee
+ Ancree
+ Bourdonnee.
+ fichee.
+ Eschiquee.
+ Engreslee
+ Vairee
+ Cendentee.
+ de Tolouse
+ de moulin
+ frettee
+ Ondee
Chargee de Sautoirs
+ Croisee au pi. fichee
Nolin

✝ Racourcie
✝ à 8. pointes
✝ florencée
✝ Componée.
✝ de Lozanges
3. Grillets.
escu en abysme
face eschiquetée de trois pieces
flanqué
Tau ou ✝ S. Anthoine
✝ de lorraine.
✝ à 16 pointes.
testes. de serpens.
Allerion.
✝ de Clicots
Lyon naissant
Franc quartier
Sautoir a lasse
bande bretessée
hamades
Polin
F.

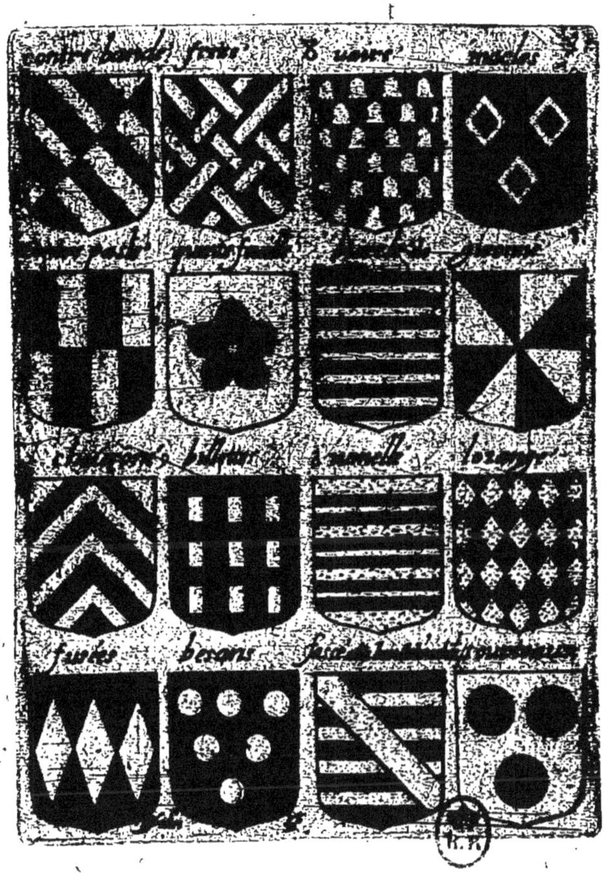
fusées
besans

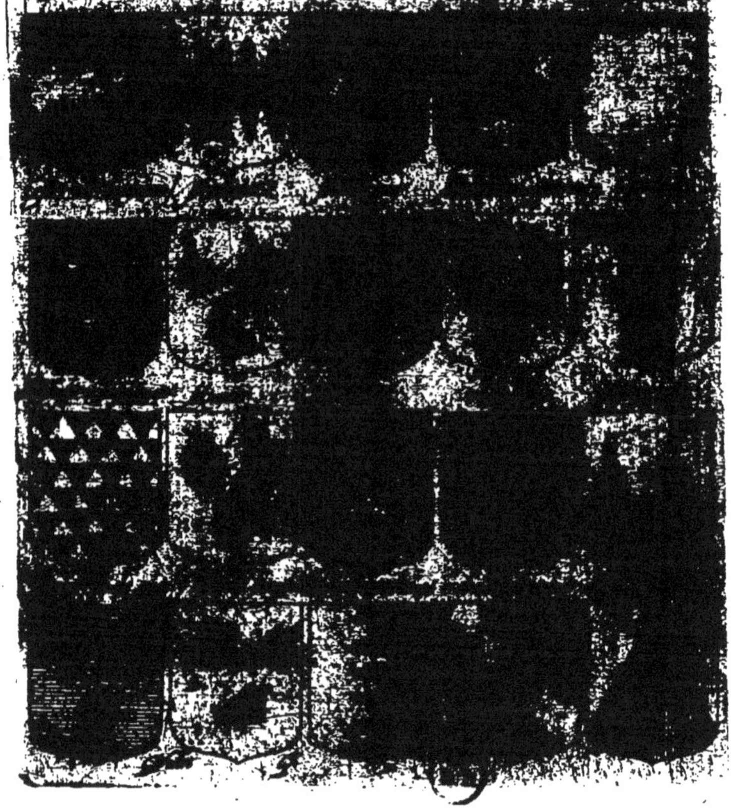

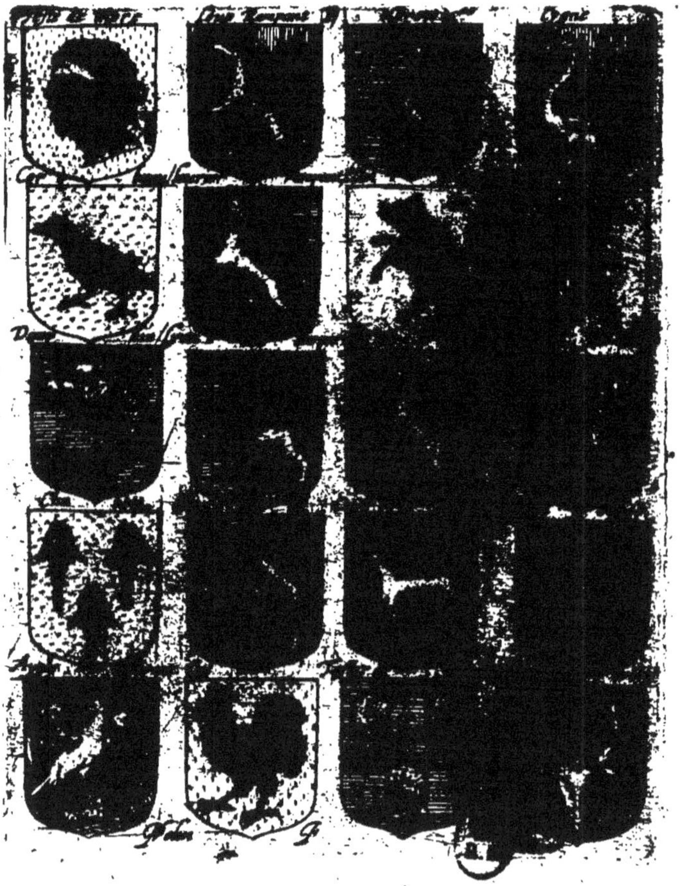

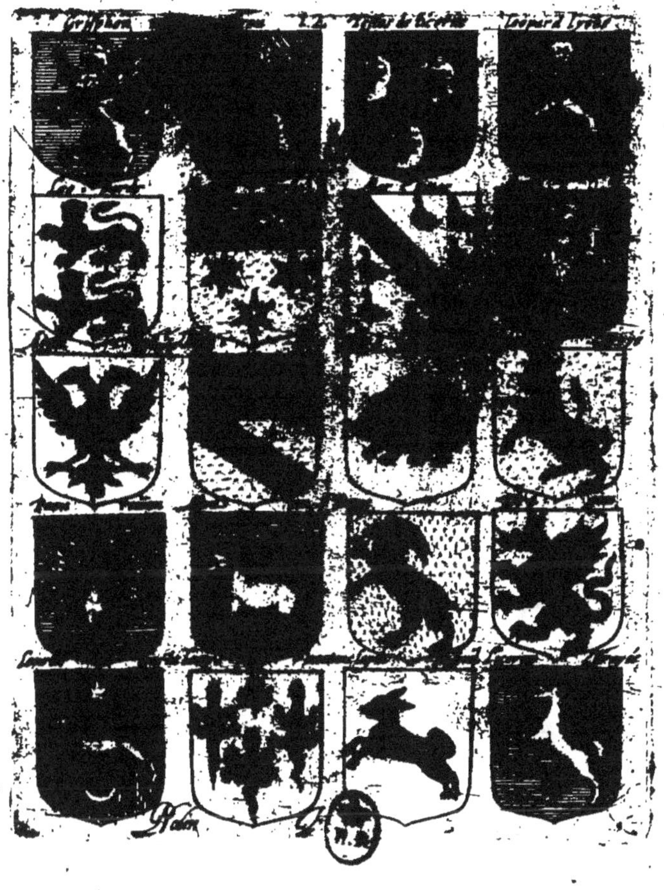
Griffon
L. 2.

13
Tour
Coquerelles
Grenade

Armes du Roy de France, Princes du Sang et autres Ducs et Pairs Mareschaux de France marquis Comtes et autres maysons les plus nobles et notables de France.

A Paris
Chez N. Berey
proche les Au
gustins aux
deux Globes

16
Duc de Guise
Duc de la Tremoille
Duc de Bouillon
Duc de Luynes
Duc de Ventadour
Duc de Retz
Duc de S. Simon
Duc de Richelieu
Duc de Sully
Duc de Brissac

Marechal de
17
Mal de la Force

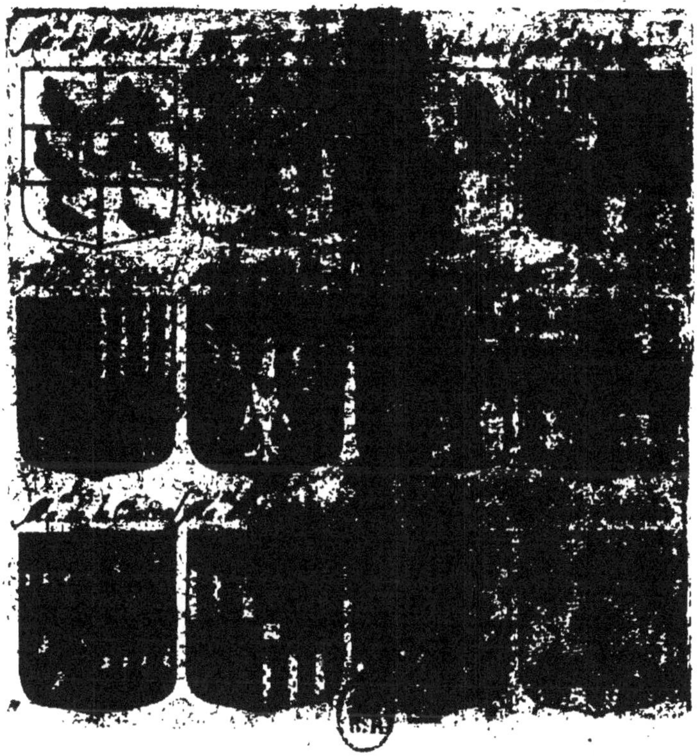

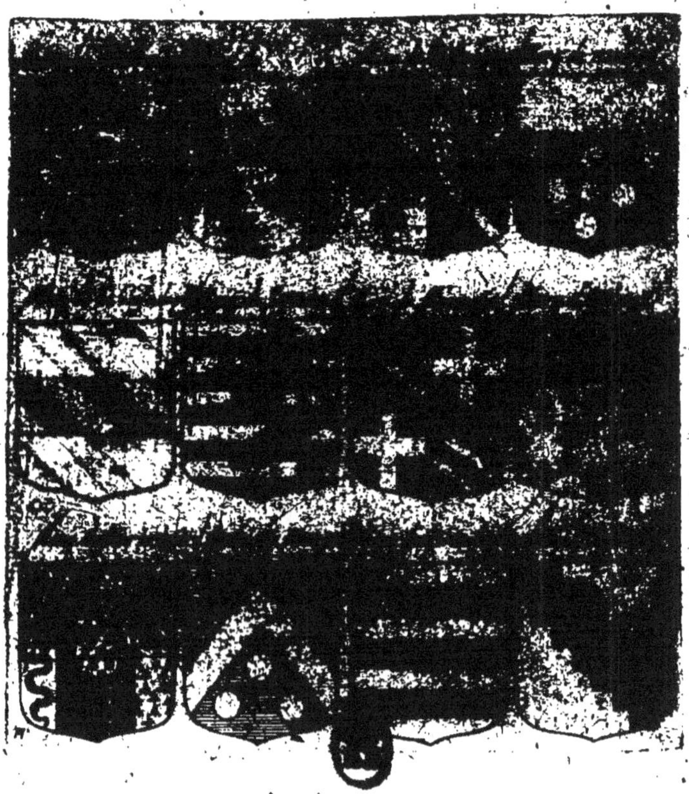

25
Marq. de Hautefort
Marq. de S. Croix

Marq. de
26
Marq. de
Beauharnois
Marq. de la Tyrie
Marq. de Viantes
Le Camus
Marq. de Haucour
Marq. de Dignolles
Marq. de Canillac

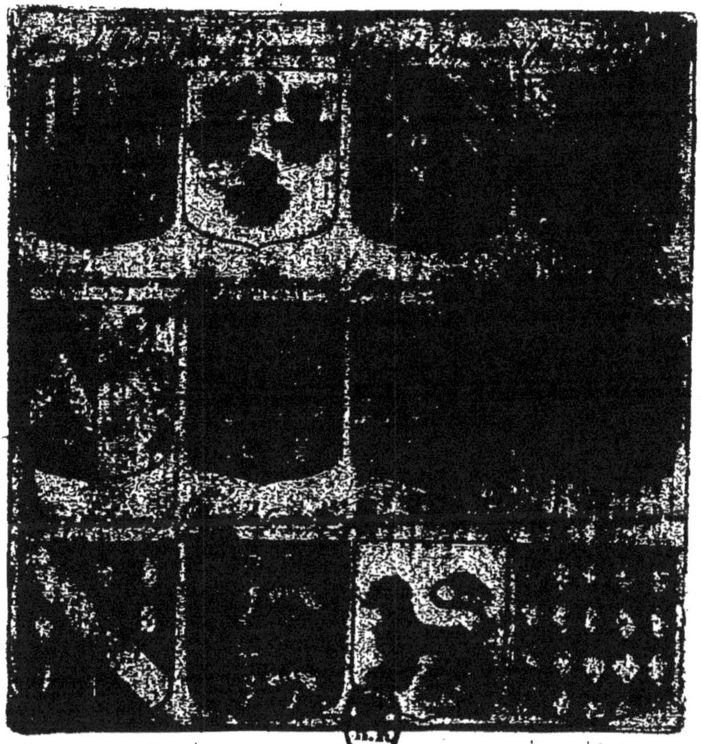

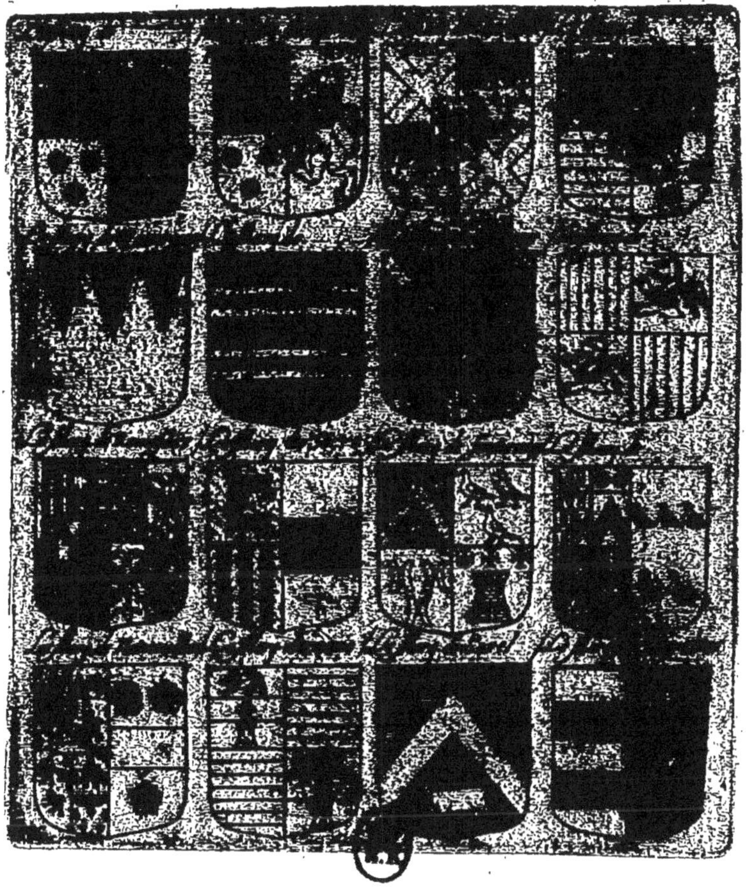

Marq. de Rochefort
Marq. de Pisieux
Marq. de D'Allegre
Marq. des Portes
Marq. de. Canisi,
Marq de Marigny
Marq de la Motte S. Herays
Marq de Rambouillet
Marq. de Puydufou
Marq. des. Fosses,
Marq. D'Argenton
Marq. de. Pralin

— Romilley

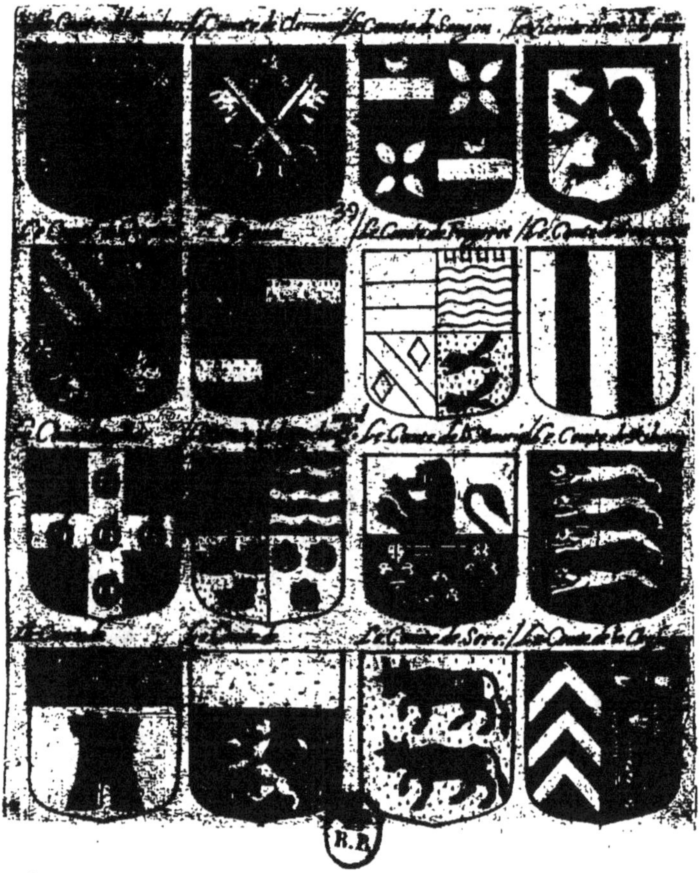

Le Comte de
Le Comte de Montresor
Le Comte de Villequier
Le Comte du Rivau
41
Le Comte de Cerney
Le Comte de Bacqueuill
Le Comte Charnay
Le Comte de Gadaigne
Le Comte de Chambley
Le Comte de Launay
Le Comte Rouille
Le Comte de Negent
Le Comte de Danlezy
Le Comte de Tessé
Le Comte de Chavigny
Le Comte de Solle

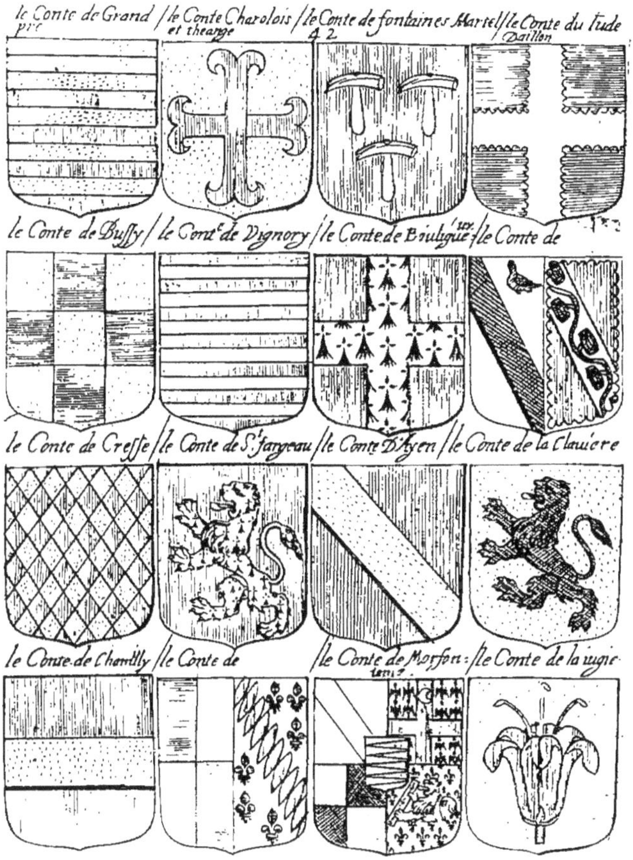
le Conte de Grand pre
le Conte Charolois et thearge
le Conte de fontaines Martel
42
le Conte du Lude Daillon
le Conte de Bussy
le Cont^e de Vignory
le Conte de Briulgue
le Conte de
le Conte de Cresse
le Conte de St Fargeau
le Conte D'Ayen
le Conte de la Clauiere
le Conte de Chantilly
le Conte de
le Conte de Morfon-tenis
le Conte de la iugie

Le Comte de Lansac
Le Comte de Nogaret
43
Le Comte de
Le Comte de
Le Comte de Grauille
Le Comte de
Le Comte de

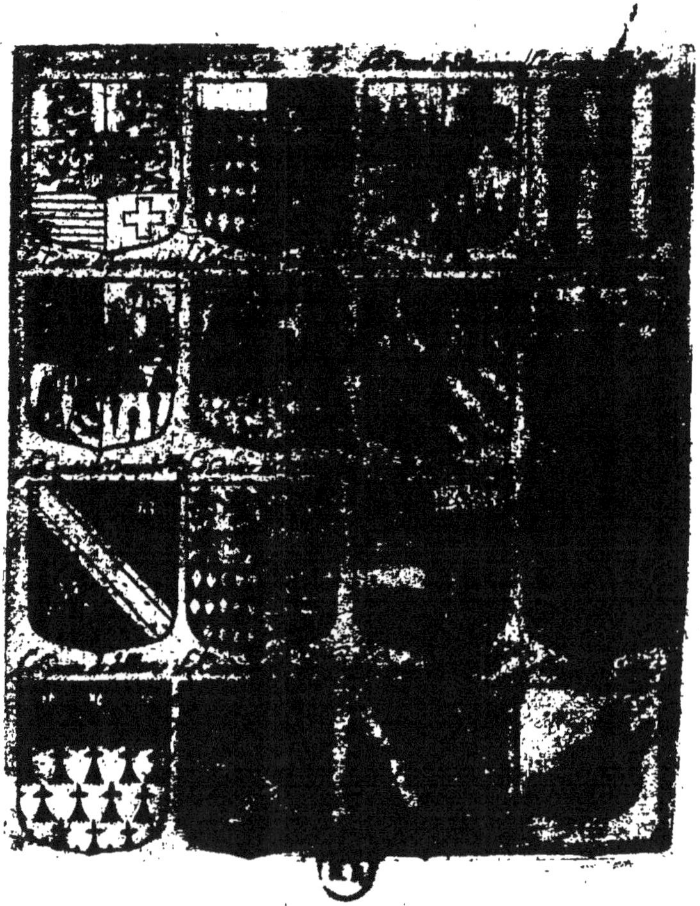

46

Le Comte de Torigny
Le Comte de Flers
Le Comte de
Becard
47
Le Comte de Stelan
Le Comte de
Mr de bellieuvre 1er Presid.
Le Comte de
Le Comte de Langeron
Le Comte de Fles
Le Comte de Blinur
Le Marq de fourcilles
Le Comte de Lussan
Le Comte de Rhodes
Le Comte de Elbne
Le Comte de Villers la faye

Le Comte de Roussillon
Le Comte de Comingés
Le Comte de S.t Aignan
Le Comte de.
48
Le Comte de Monpas
Le Comte de Carses
Le Comte de.
Le Comte de.
Le Comte de Chasteau Briant
Le Comte de
Le Comte de.
Le Comte de Dorne
Le Comte de Breaute.
Le Comte de Ibon
Le Comte de Tresseol
Le Comte de Meurs

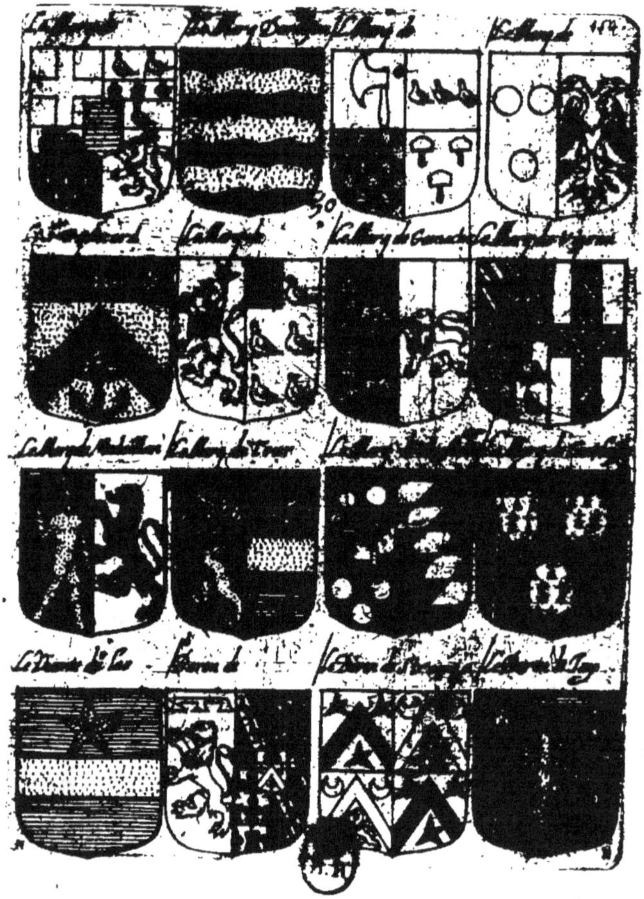

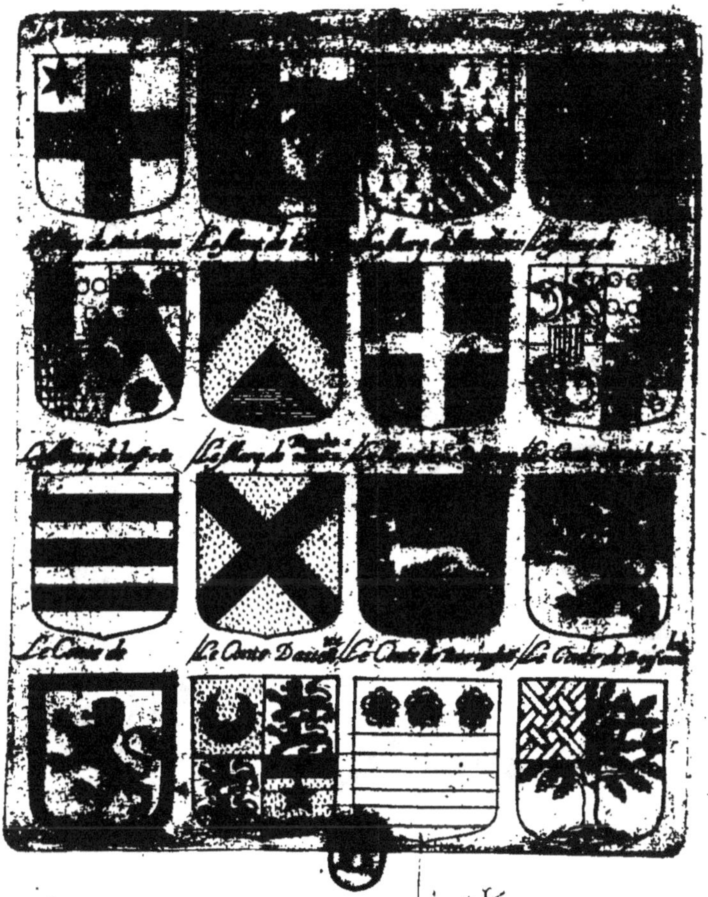

faux

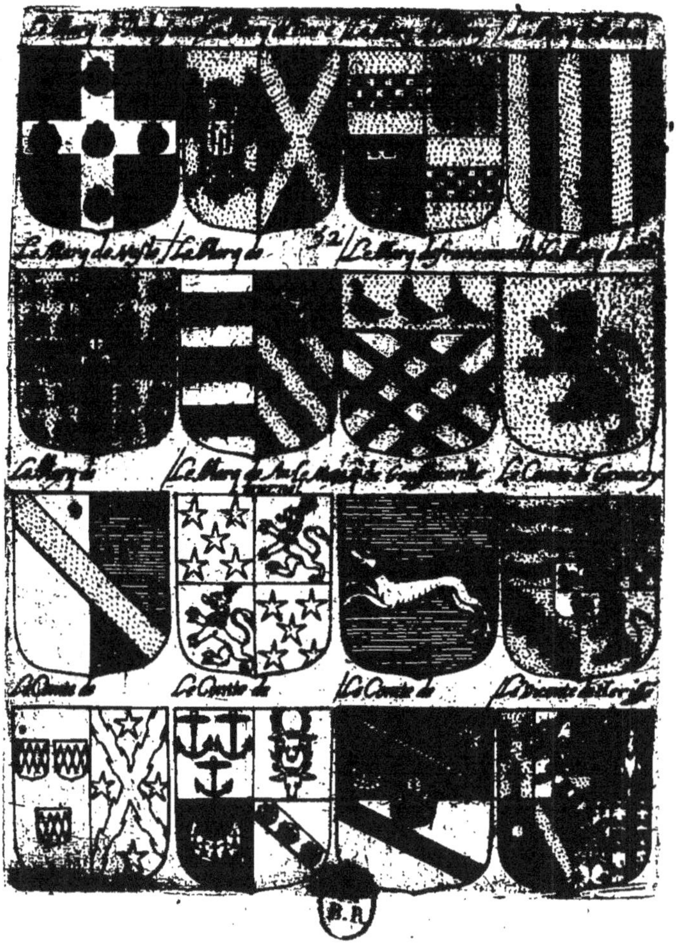

Le Prince de Guimene
Madame de la Trimouille
Le Duc de
Le Duc
Le Marq de
Le Marq de
Le Marq de
Le Marq de Gordes
Le Comt de
Le Comte de Porcean
Le Comte de
Le Comte de
Le baron de
Le baron de Brucelle
Gouuerneur de la bastille
Le baron de
Preuost d'Herbelay

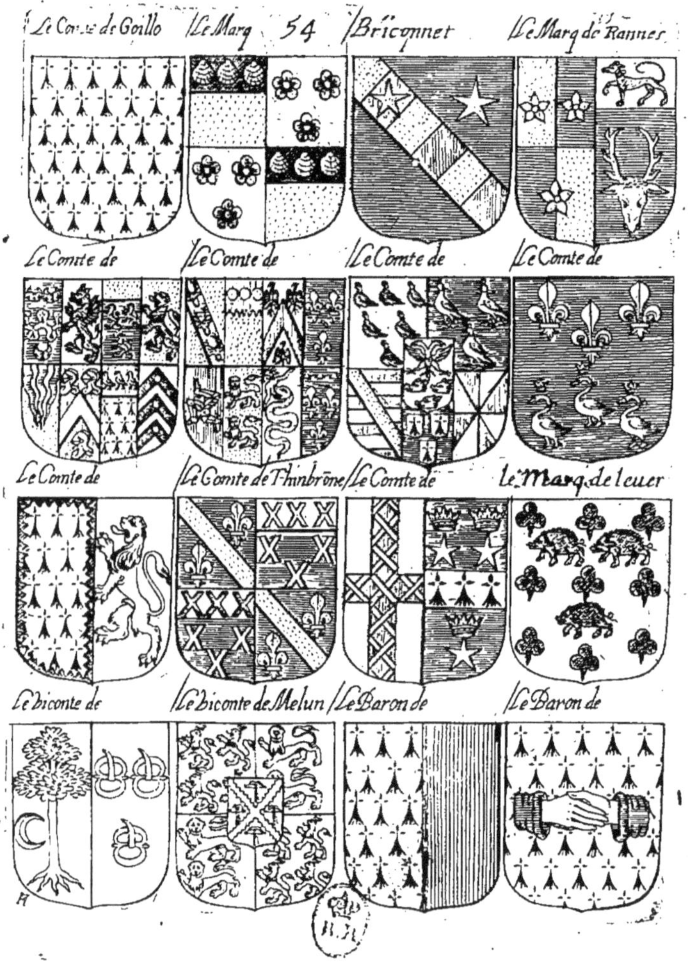
Le Conte de Goillo
Le Marq
Briçonnet
Le Marq de Rannes
Le Comte de
Le Comte de
Le Comte de
Le Comte de
Le Comte de
Le Comte de Thunbrône
Le Comte de
le Marq de leuer
Le Viconte de
Le Viconte de Melun
Le Baron de
Le Baron de

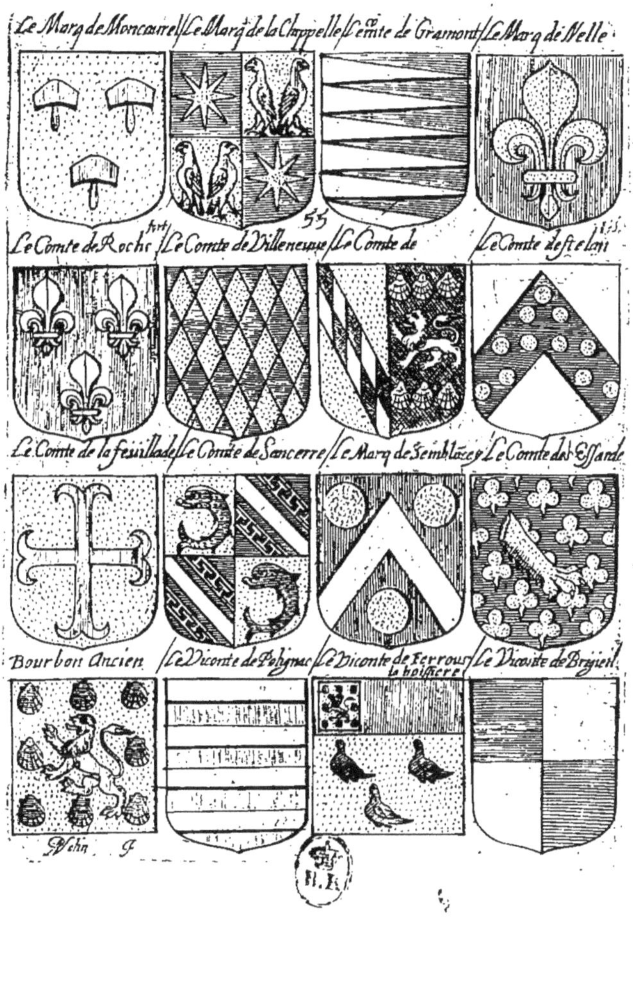

Le Marq de Moncaurel
Le Marq de la Chappelle
Le Comte de Gramont
Le Marq de Nelle
55
Le Comte de Rochefort
Le Comte de Villeneuve
Le Comte de
Le Comte de St elan
Le Comte de la feuillade
Le Comte de Sancerre
Le Marq de Semblançay
Le Comte des Essards
Bourbon Ancien
Le Vicomte de Polignac
Le Vicomte de Ferrous la boissiere
Le Vicomte de Brijeul

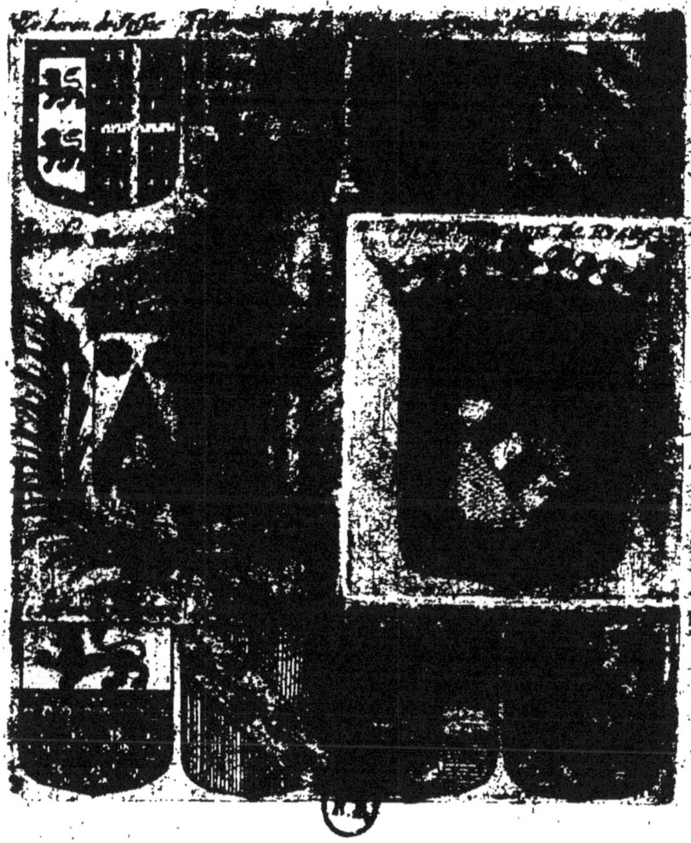

le. baron. d'assas.
le. baron. Fauerges
le. Coigneux 58
le. baron. de.
le. baron. du. tour
le. baron. de. Germinil
le. baron. de. Frenelle
le baron de la. Capelle
le. baron. de. blaru
le. baron. de. marsieux
le. baron. de. St. aunes
le baron daneuoi
le. baron de la Rocquette
le. baron. de poitrima
le. baron de haucour
le. baron de la Chapelle

Le Baron D'angy
Le Baron Chapelaine
Le Baron de Nieuchastel
Le Baron de Reuellon
59
Le Baron de
Le Baron de Chandal
Le Baron de St Jove
Le Baron de Milly
le baron du pont St pierre
le baron de loigny
le baron de Courcelles
le baron de flescheres
le baron de belmont
le baron de Jons
le baron de fites
le Baron de St pierre du Mont

60
Mr Mangot
Mr le lieure
Mr Fauier
Mr Fouquet
Les Mrs des Requestes
Mr Marescot
Mr halegoet
Mr Jabraud
Mr Moubiorry
Mr le Picart
Mr Amelot
Mr Maignart
Mr Voysin de Cerisay
Mr Morant
Mr de Berulle
Mr de Paris
Mr Gallard

Vn. Cardinal
61
La Rochefoucault
Polin F.
H.R

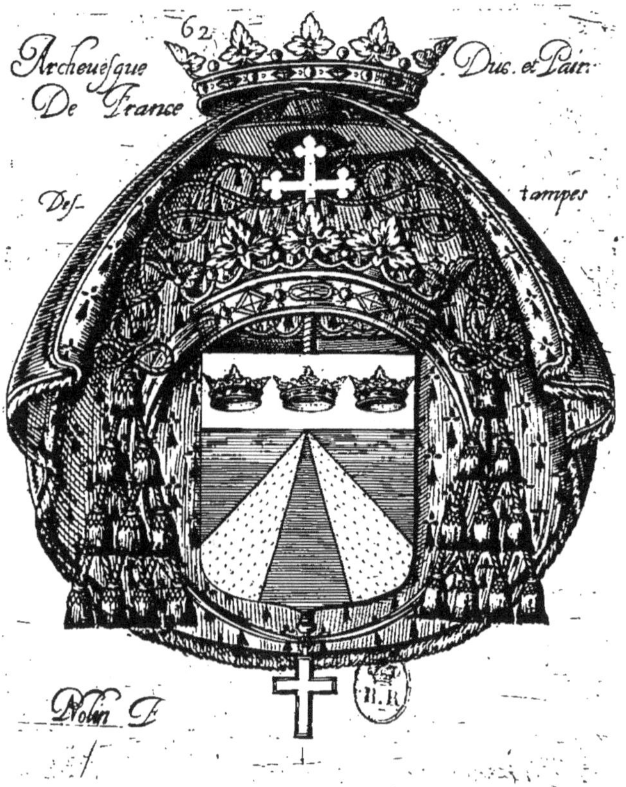
62
Archeuesque
De France
Dus. et Pair.
Des-
tampes
Nolin F.

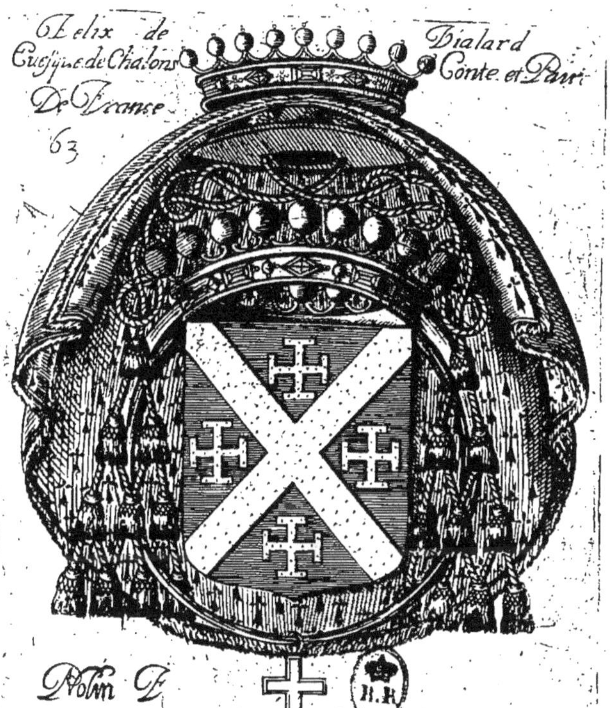
Felix de
Vialard
Euesque de Chalons
Conte et Pair
De Franse
63
B.R

64
Armes des 6 Pairs 3 Ducs et 3 Comte qui sont Deglise

Archeuesque de Sens
65
Bellegarde

Pour
66
Coucy

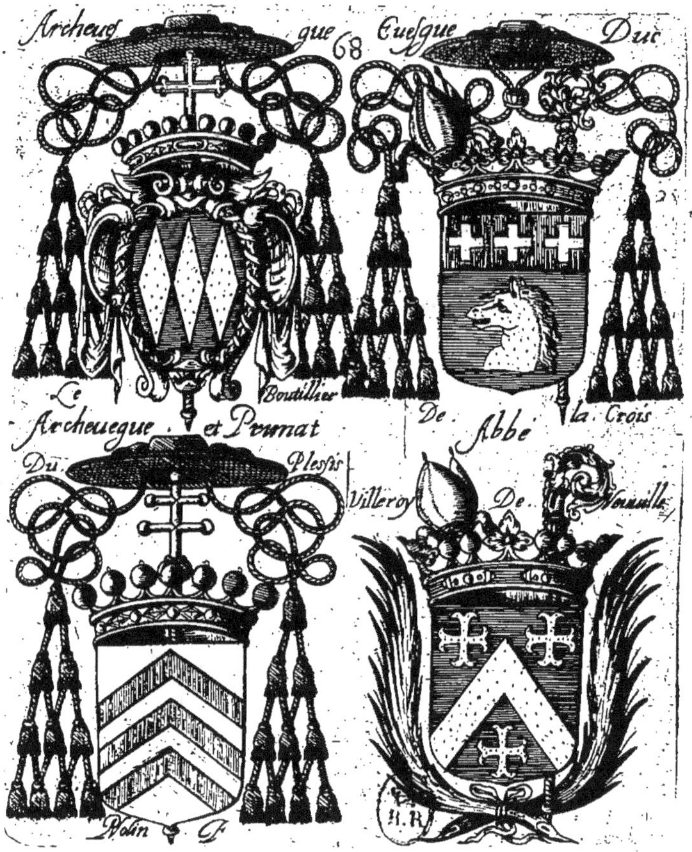
Archeuesque
68
Euesque Duc
Le Boutillier
De la Crois
Archeuesque et Primat
Du Plessis
Abbé
Villeroy De Neuuille
Nolin F
H.R.

69

Pour . Vn . Abbé 70
Vaultier

Polin F.

De Mauroy
71
De Bret
Abé
Courone
Conte
Wolin
F.
De

Euesque.
Molé
72
De Lansac
Granuelle
Cartouche
De S.t Remy

74

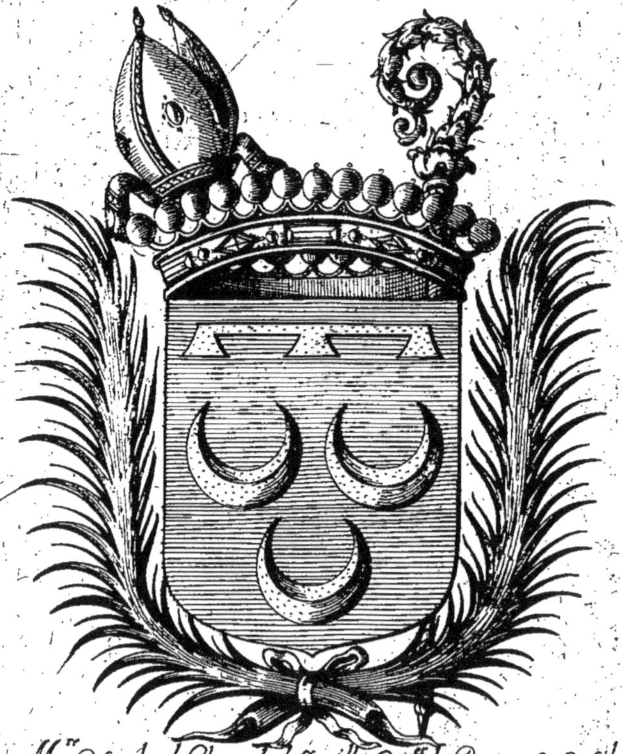

Mre. Eustache le Clerc de lesseuille Coner du Roy en ses Conseils et en sa Cour de Parlement Abbé de St Crespin de Soissons Comte de Brioude Baron d'hauum Seigneur d'Incolurt

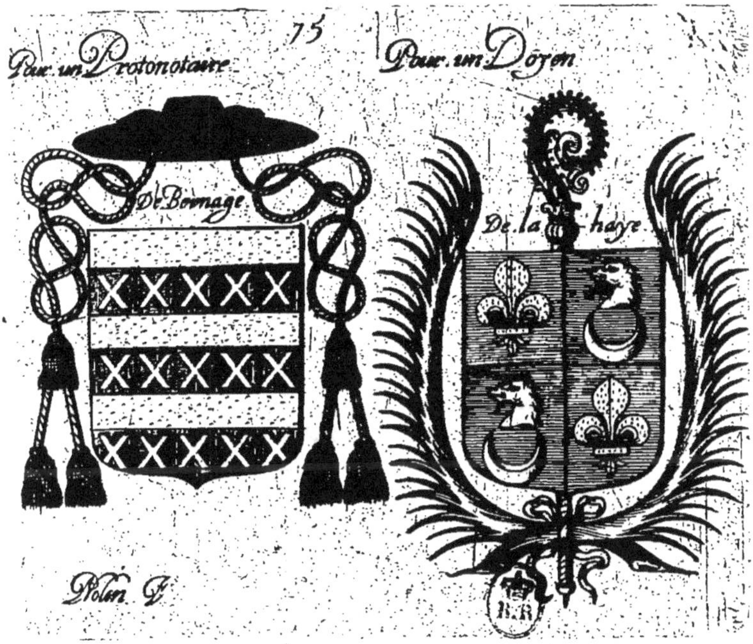
75
Pour un Protonotaire
De Bonnage
Pour un Doyen
De la haye
Polon F.

76
A Beze
De Loraine
Depinay
De Souvré
De D'albert
R.F.

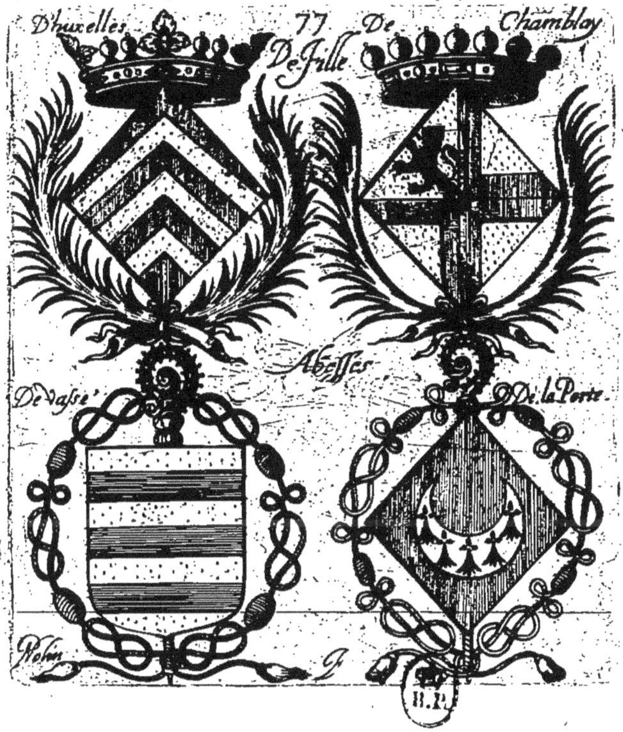
D'huxelles
77
De Jille
De
Chambloy
Abesses
De Vassé
De la Porte

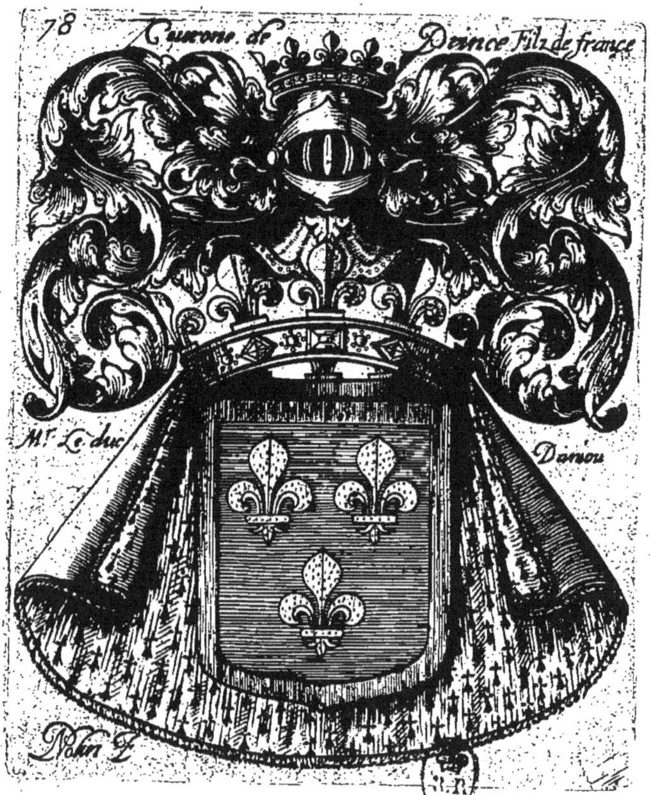
78
Couronne de Prince Filz de france
Mr. Le duc
Danjou
Nolin f.

79
Gaston de france
Duc d' Orleans
Marguerite de lorraine
Duchesse d' Orleans

De Castille
80
De Biencourt
Courone et Manteau de Prince

De. Quinuille
Manteau
De. Prince
De. Con

Rene: de Montbourcher
Marquis du bordage dor a troys
marmites de geule dit Channes

de Nollent Fastouuille

Grand
84
Chancellier de france
Montmoren cy.
Seguier
Grand
Comte
d'harcourt
de Bonne

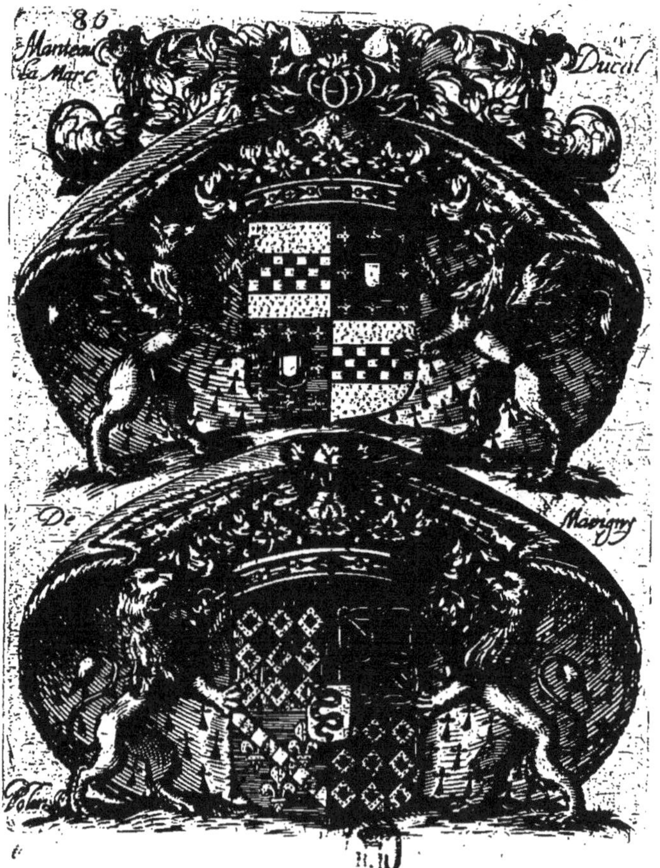
86
Manteau
La Marc
Ducal
De
Marigny

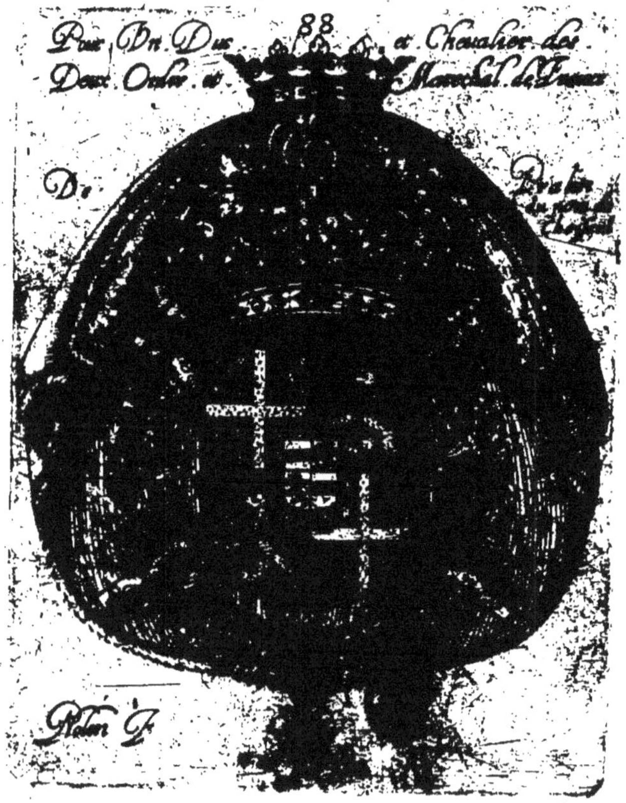
Pour Un Duc
88
et Chevalier des
De

De Bruslart
89
Couronne de Prince
De Beaufort
Bonnet de Marechal de franc
De Hedsecq
Bonnet de
des Ursins

90

92.bis

Mre Charles de laubespine [illegible] Comte de Sagonne Commandr de ses [illegible] de France

et Mareschal de france et Gouverneur
du Roy Louis XIII

Ch.er des
94
2. Ordre
C.te
de Marquis
De
Sourdy
Nolin F.
B.R

95
Armes Dalliances De Messire Charles
et Comte de Rostaing par son
Pierre Nolin . 1650.

97
Le Marquis de Sandricourt de la maison de S.t Simon
NVL QVN
Milord Digby Comte de Bristol
Camboult

98
Ducal
Rohan

C De 99 Marquis
St Simon
Duzes
Longueil
De Maisons
de
Boulanc

100
C
De Marguerie
De
Dessissac. De
lise
De
Nicolay
De
Beauvron

Cour. des
Cour de Conte
De
C de Mongnac
De
De la
Bosse

Gaillart
Blanche
de fois
Catherine de porn

103
C. De Conte
De Balesat
De Bachero
Du Chaemar
De Carnevag

104
Pour Un Comte
Et Une Comtesse
Rolin F.

Couronne
de. Conte
Couronne
Manteau. Ducal
De
Lauau:

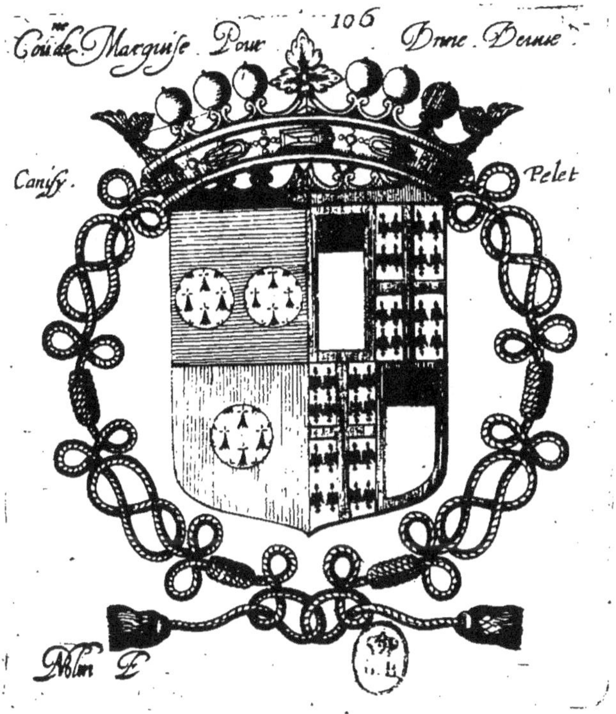
106
Cou.de Marquise Pour
Canisy
Pelet
Nolin F

Marquis
Chevalier
de
Malthe
107
Mr Bussy Rabutin
Gra
nd
Prieur de france
Nolin F
H.R

Chevallier De Malte
109
De Darapart
De Bonnes
Maupeau
B.R
Volm. J.

Pour Vn Cheualier De Malthe 110
de
Phelippes
Nohn F

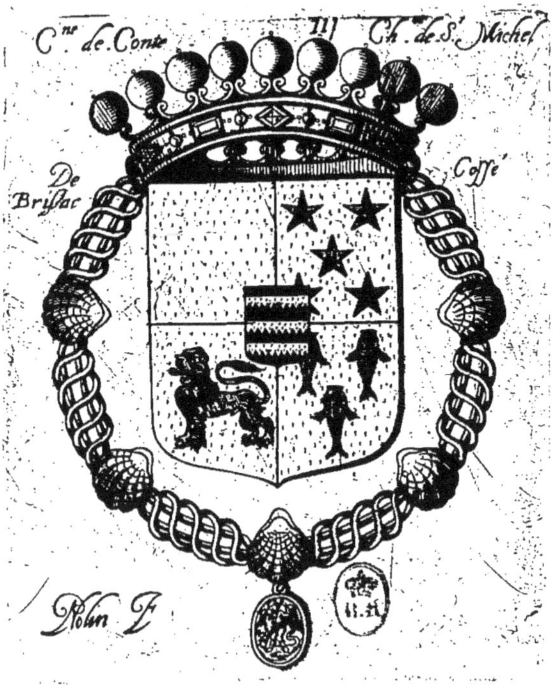
Cne. de Conte
Ch. de S. Michel
De Brissac
Cossé
Nolin F.

112
Mr. Le . Baron. Dasse la Beliere

113
Pierre de Chaludet Chevalier
de Chaludet Con du Roy en ses
gnal de france à orleans et gentilhomme
Dame Suzan de Rochechouart
conseils
ord de la maison de Mg le duc dorleans

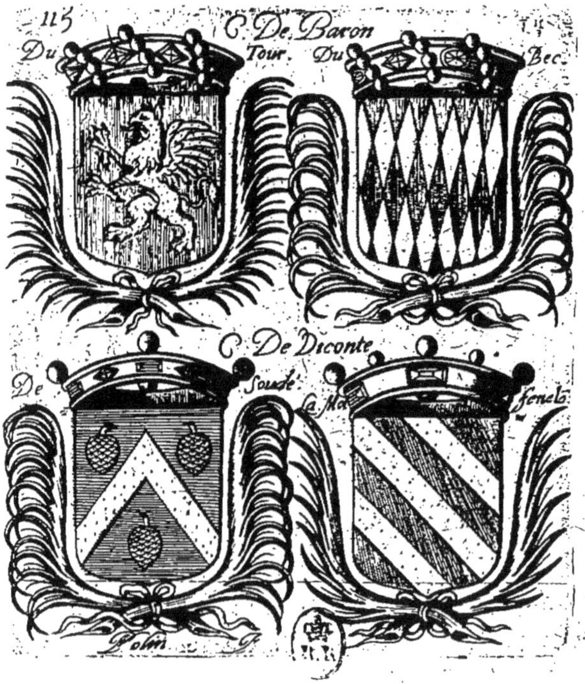
115
C. De Baron
Du Tour
Du Bec
C. De Diconte
De Soude
Polin

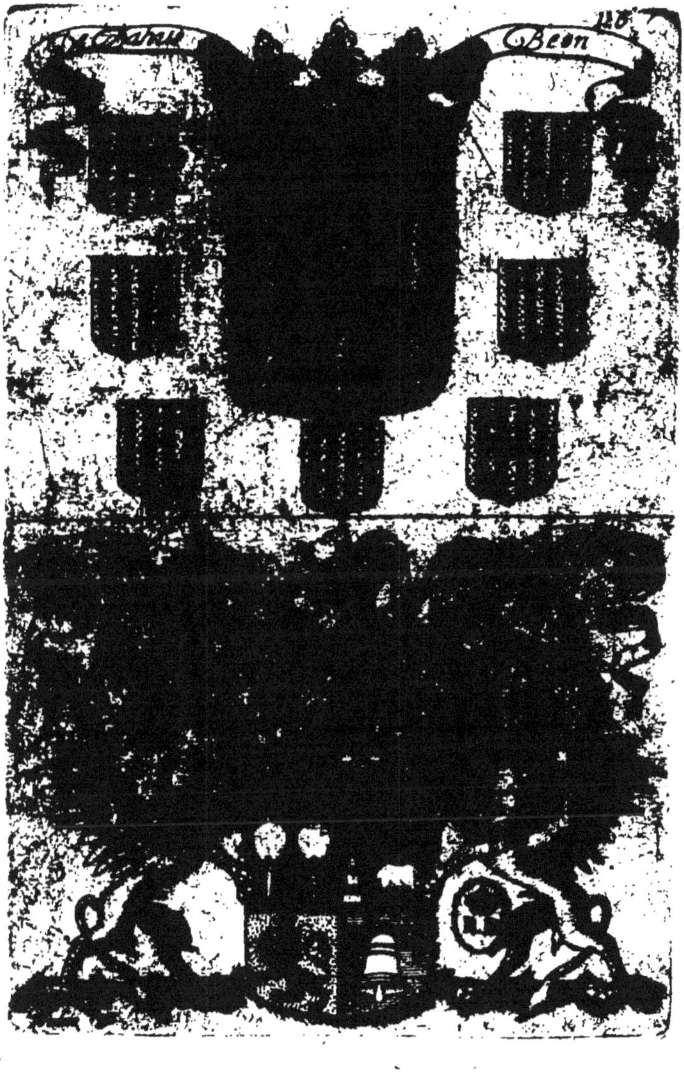
Beon

De la Curee
118
De Lomenie
Geran
De Bellegarde

De la Magdelaine Ragny
119
Du Bellay
De Baufrement
Nolin F.

Collier de lordre
S.t Michel
120

121
Ordre S. Michel
De
Ruffe
Nolin F

Du Moncel De Martinvast 132

123
Mr le President de Lamoygnon
Henry Dargouges Baron de Ranes
FBD
FBD
Francois de Brygore Sr du Roy

Mons.r de Verthamont M.e des Requestes

Mons.r Ferran Con.er du Roy et Lieutenant Particullier au Chatelet de Paris

Phelippe escuyer Seig.r de Billy et de Bonainuille Con.er du Roy et Auditeur Ord.re en sa Chambre des Comptes et Doyen des S.rs Con.ers Auditeur des Comptes

M. Jean Charron Con.er du Roy g.nal des guerres en picardye M. Gentien Charron son nepueu Con. du Roy Auditeur en sa Chambre des Comptes porte les mesm.es Armes

126 De
De
De

127
De Faulcon
de Ris

De Osmont
129
De Brinon
De

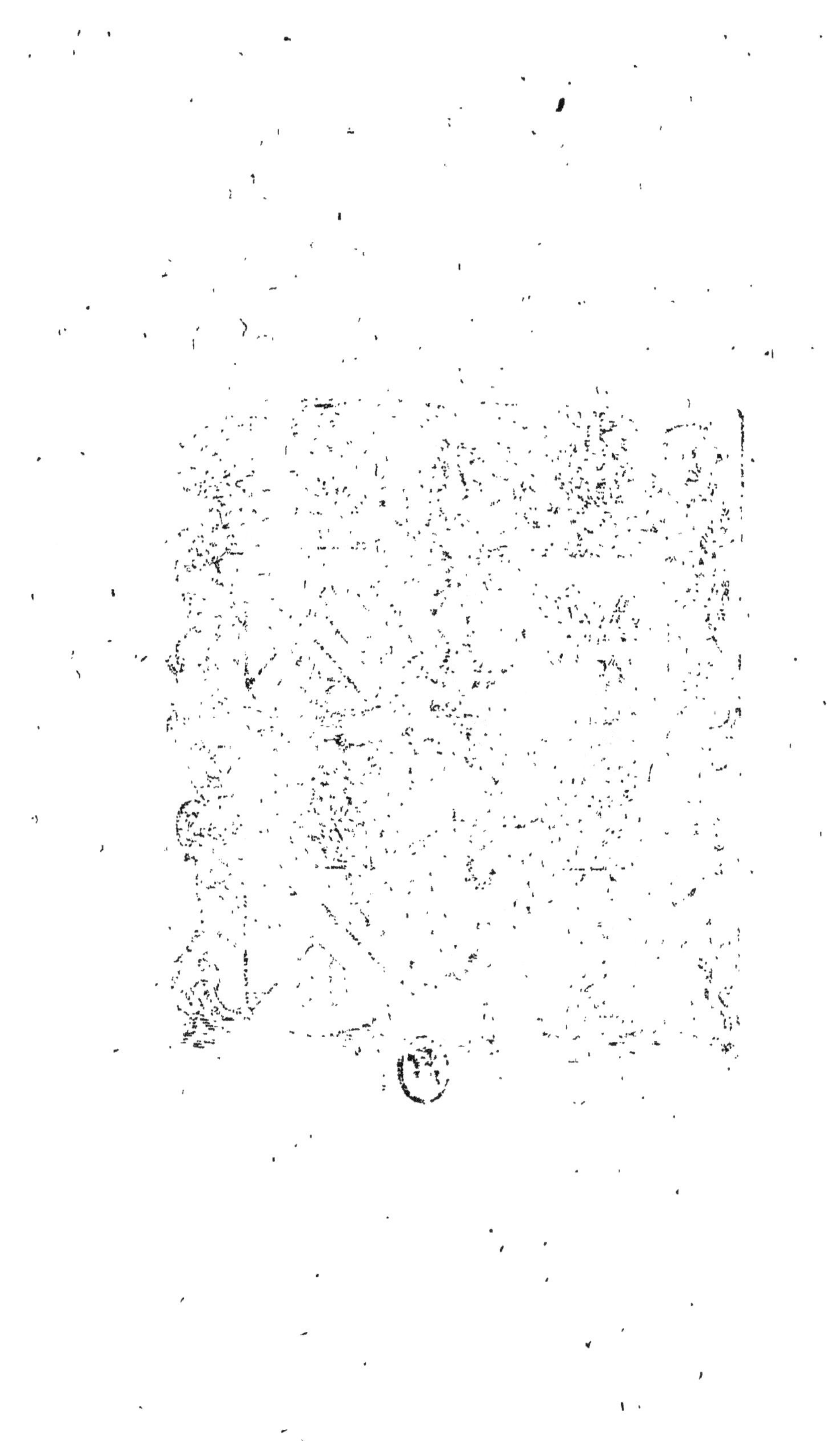

Villaiges la Chassaigne
130
Maroles
Le Laboureur
Aukel

Me. Pierre. le Clerc. de. lesseuille. Cheualier. Seigneur. dmcourt au. Vexin. le françois. et Dame. Elisabeth de Moucy son. Espouse

Me[re]. Simon. Chauuel, Cheualier. Seigneur. de. la. Pigeonniere. Lieutenāt = gnal a Blois

133
Fortis
Virtute
De Hemere Beaulieu

Timbre De Front 134

Nolm. F Le Tellier

Me. Guillaume de la Boissiere [illegible] Sr. [illegible] et de la Grange [illegible]
de Gisors Mar. des camps et armées du Roy [illegible]
Regiment de Cavallerie pour le Service de Sa Majesté

Messire Samuel de Trinquiere Chevalier Seigneur de la [illegible] de St Jean de buegue [illegible] Conseiller du Roy en ses Conseils [illegible] Second President de la Cour des Comptes aydes [illegible] de la Ville de Montpellier

Messire Francois de Baroquier Cheualier
Coner Maistre d'hostel ordinaire du Roy tresorier general de france et grand Voier en la generalite de paris et Dame Marie Phelype de Billy son Espouse –

Messire pierre dela porte co.er du roy en ces conseil destat et priue maistre dhostel et premier vallet de chambre de Samaieste.

Armes de Gabriel Chassebras Seig.r de la Grand Maison
en Valois, Aduocat en Parlement, Damoiselle Geneuieue Chasse-
bras, Michel Chassebras seig.r de Nanteuil, Dam.le Ieanne Chassebras
et Iacques Chassebras seig.r de Cramailles, Enfans de M.re Gabriel
Chassebras seig.r de la grand Maison, Nanteuil, Cramailles et autres
lieux, Conseiller du Roy en sa Cour des Monoyes et Maistre des Req.tes
de la Reine Mere et de Dame Geneuieue Chippard de la Grand
Maison Dame desd. Lieux. Escartelé au 1. Chippard, au 2. le Ma-
çon, au 3. Lesbahy, au 4. de S.t Mesmin, sur le tout Chassebras.

139

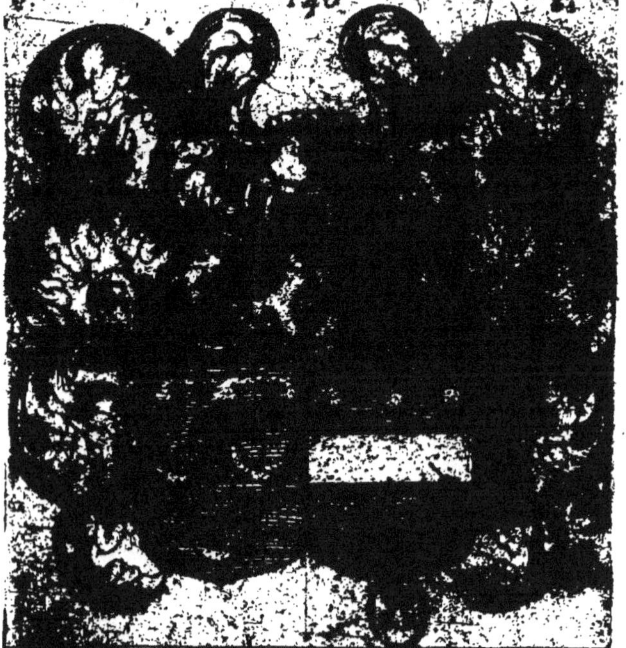

[illegible] du Roy en son Conseil [illegible]
[illegible] Catherine le
[illegible]

141
Mr de Semonville Huguet M. d'hostel Ordinaire du Roy
Et Dame. Charlotte Chaufourneau son espouse

Timbre de trois quartiers
142
De Cullaceau

Mr Benjamin le Tenneur Con.er du Roy en Son Estat Secre.re de
Son Con.el privé et Tresorier general de France en Picardie
Calais Boulenois et Pays reconquis

144

Messire Philipes de Fontenu Sg.r de la Corbiliere sieur de Magstreaus Con.
Maistre d'hostel Ordinaire de Sa Maieste Auditeur en sa chambre des comptes
Lieutenant de la grurie et plaisirs de Sa Maieste

146

Les Armes de la Maison de Sanglier.

147
Le Baron de Faromule de Bubott
B.R

150

Tholosani

Illustrissimo nobilissimoque domino D. Francisco le Noble in suprema neustriæ curia S[illegible] amplissimo

152 Timbre de profil
De
Nobl F
Le Blanc

153. Timbre . Comun . autrem^t de profil

Monsieur . de . turmenyes . Con^er . ad^at . et . Procureur . du
Roy . A . Beaumont . sur . Oize . et . Madame . sa . femme

134
Monsieur De Turmenyes et Madame sa femme

Louis Brouyn escuier Seigneur. dapoigny
tresorier de france. general des fin. a Soissons
1643

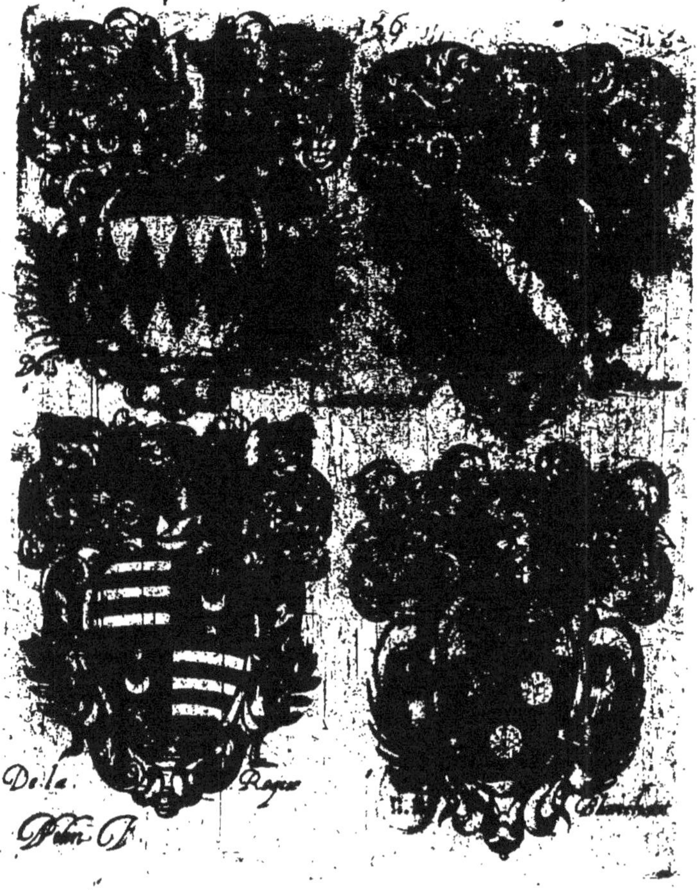
De la
Roque

De bourgois
De Choneau
Polin F.

Bourgeois
Le Blanc
Monperche
Fourbet
Boulongne
B.R
Polin
F

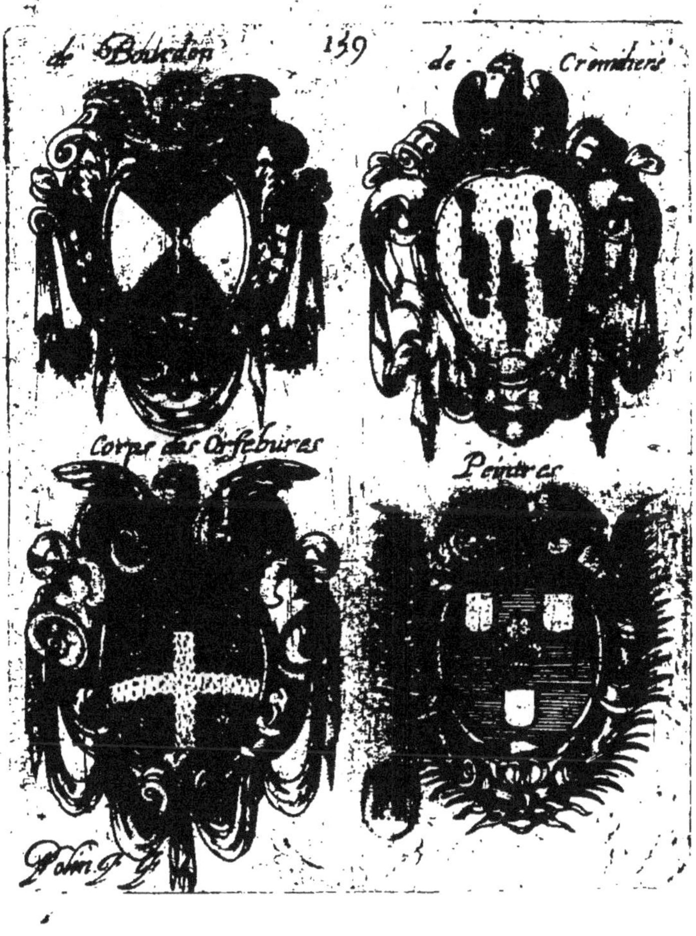
159
Corps des Orfebvres
Peintres

Jean Conte d'Ingersteim de Brandebourg.
François Conte de Nerly de Mantou
Claude Chabot Mar sur de S. Maurice de Savoye
163
Jean de Marenes de hollande
Adrian Pauu de hollande
Boydold de Gent de gueldre
Jean de Knuyl de zelande
Godard de Reede de nederhorst du treist
François Jonia de fri
Guillaume de Ripperda dobueryssel
Adrian Claut de Groeningen
Adolph Guillaume des grosses de hesse
III
Molin g.

Noms et Armes des Cardinaux du Sacre College 164
des dernieres promotions dont la plus part sont encore viuans

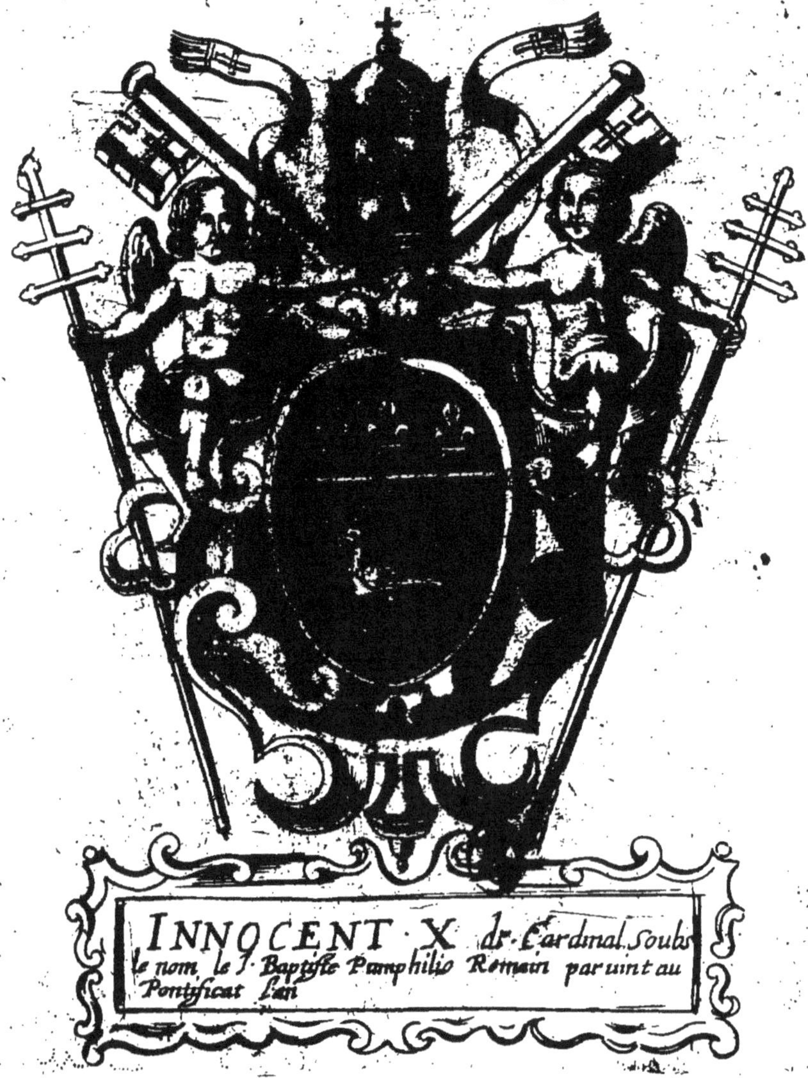

INNOCENT X dr. Cardinal soubs le nom le J. Baptiste Pamphilio Romain paruint au Pontificat l'an

Noms [illegible] des Cardinaux creez par Paul 5. Gregoire 15 Urbain 8 et Innocent [illegible] dont la plus part [illegible] encores vivans [illegible] l'annee de leurs promotion 165

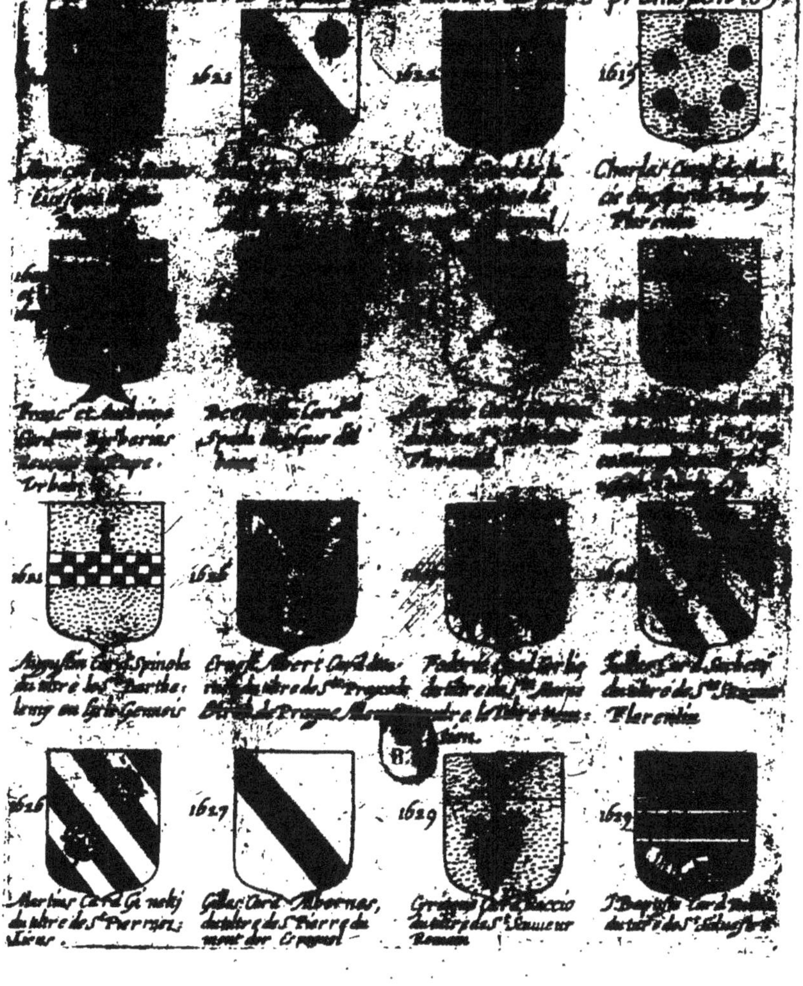

1619
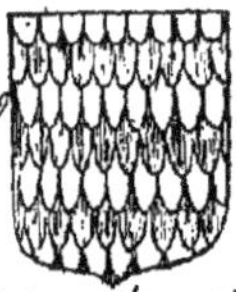
1633

1633

1633

Cesar Card Montj du tiltre de Ste Marie transpontine Arch de Milan Millanois

Francois Marie Card. Brancaccio du tiltre des 12 Apostres Euesq de Viterbe, Napolitain

Alex Card Bichi du tiltre les Ste Sabine euesque de Carpentras Sienois

Vldaric Card. Carpini du tiltre de Ste Anastase d'Vrbin

1633

1633

1641

1641
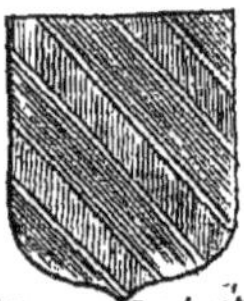

Marc Anthoine Cardal Franciotti du tiltre de Ste Marie della Pace Luquois.

Estiene Card Durazzi Arch de Gennes Gennois

Francois Marie Card. Machiauelli du titre des St Iean et St Paul Euesque de Ferrare Florentin.

Ascagne Card Filomarinj Archeuesq de Naples Napolitain

1641

1641
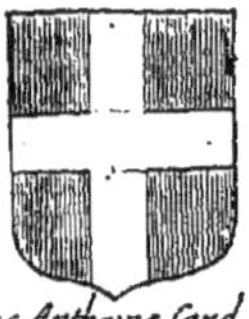
1641

1641

Pierre Donat Card. Cesius du tiltre de St Marcel. Romain

Marc Anthoine Card Bregadin du tiltre de St. Marc Venitien

Hierome Card. Verospi du tiltre de Ste Agnes Romain

Vincent Maculan Card. de Florentiole du tiltre les St Clement de Plaisance Iacobin

1641

1627

1641

1629
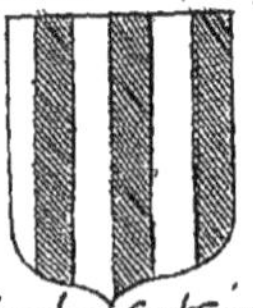

Iules Card Gabrili du tiltre de Ste Agathe Romain

Hierome du tit de St Eustache Card Colonna Romain.

Iules Cardinal Mazarin Romain

Theodore Card Triuulse du tit de St Ange in foro piscium Milanois.

1641 

Francois Card montille du tiltre de St. Hycrôme Romain

1643 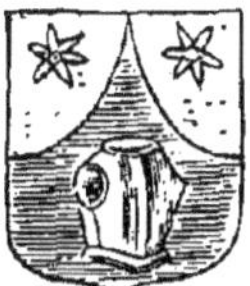

Jean Jacques Card Panzirole du tiltre de St. Estiene in monte coelio Romain

1643 

Faustus Card Polus du til de St Chrysogon Cassien

1643 

Lalius Card falconieri du tiltre de St. Marie del popolo Florentin

1643 

Gaspar Card Mathej du tit. de St Pancrace Romain

1643 

Cezar Card Fachetti du tiltre des 4 Couronez Bolonois

1643 

Hierosme Card Grimaldi du tiltre de St Eusebe Gennois

1643 

Charles Card Rosseti du tiltre de St Cezaree Ferarois.

1643 

J Baptiste. Card de altierij. du tiltre de Ste Marie sur Minerue Romain

1643 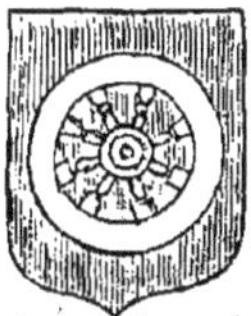

Marius Card Theodolus du tiltre de St Alexis Romain

1643 

Francois Ange Card Rappaciolo du tiltre de Ste Marie in via Romain

1643 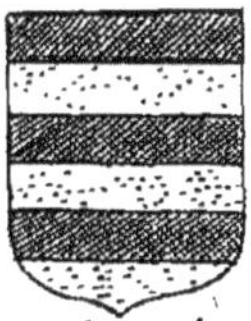

Franc. Adrian Card Ceua du tiltre de Ste Prisce Piemontois

1643 

Ange Card Georius du tit. des SS Quirce et Julite Romain.

1643 

Jean Card de Lugo du tiltre Ste Balbine Espagnol

1644 

Dominiq. Card Cerchini du tiltre de Sixte Romain

1645 

Nicolas Card Ludouisi Arch de Bologne Bolognois

1645

Tibite Card Conci du tiltre de St Calixte Romain

1645

Pierre Louis Card Caraffa du tiltre de St. Martin in montibus Napolitain

1645

Horace Card Justiniani du tiltre de St Onuphre Genois

1645
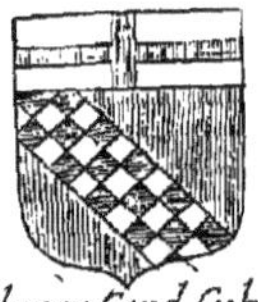
Alderan Card Cybo du tiltre de Ste Pudentiane, d'Urbin

1647

Fabrice Card Sabelli du tiltre de S. Augustin Euesq de Salerne Romain

1647

Michel de lordre des F. prescheurs Card Mazarin Arch d'Aix Romain

1647

Francois Card Cherubini du tit de S Iean deuant la porte latine de Pise.

1641

Virgnius Card des Ursins du tiltre de Ste Marie in Cosmedin

1641

Paynault Card d'Est du tiltre de St Nicolas in Carcere

1643

Vincent Card de Cosaguti du tiltre de Ste Marie in portícu Genois

1643

Iean Estiene Card donghi du tiltre de St Georges Genois

1643

Paul Emile Rondini du tiltre de Ste Marie in Aquiro Romain.

1645

Federic Card Sforce du tiltre des SS Vitus et Modestus Romain

1645
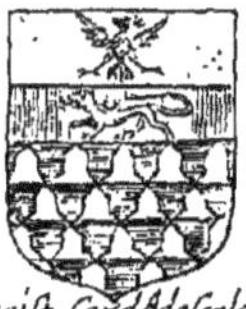
Benoist Card Adescalchi du tiltre des SS. Cosme et damien

1646
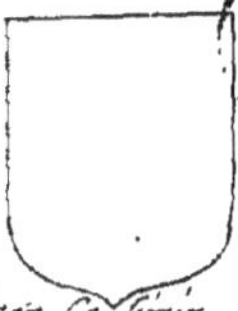
Iean Casimir Cardinal Polonois

1647

Cristofle Card Vidman du tit des SS Neree et Achillee Venitien.

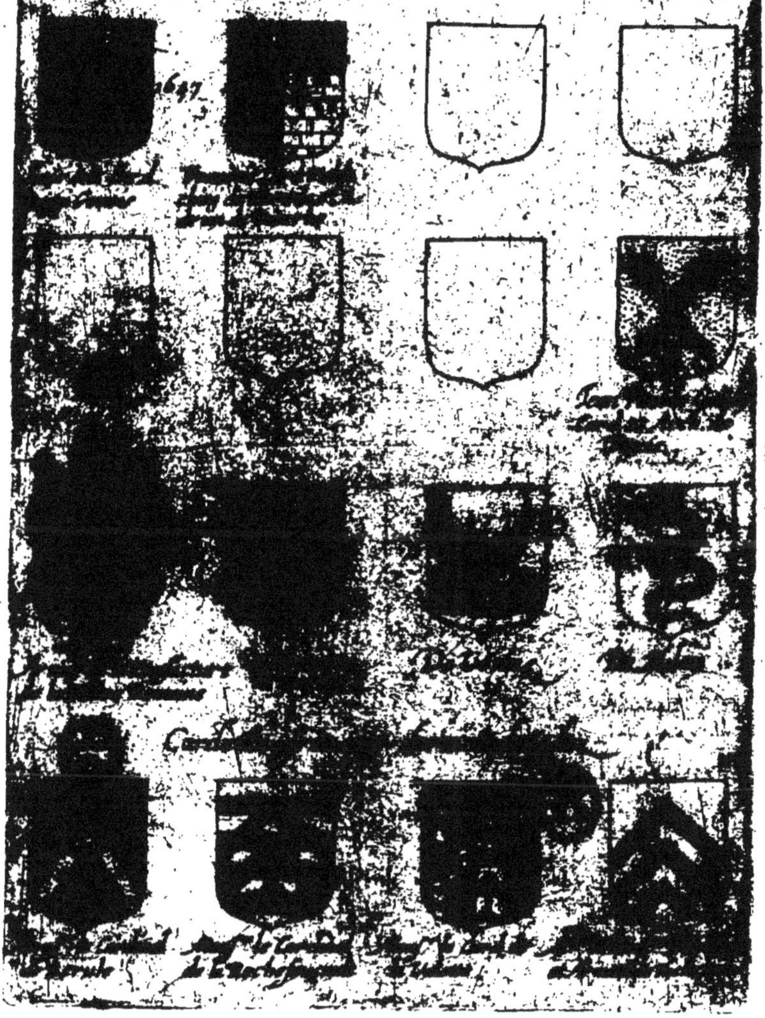

Castille
Arragon
Valence
Grenade
Corfu
Majorque
Mur cie

HOLLANDE
PAYS BAS

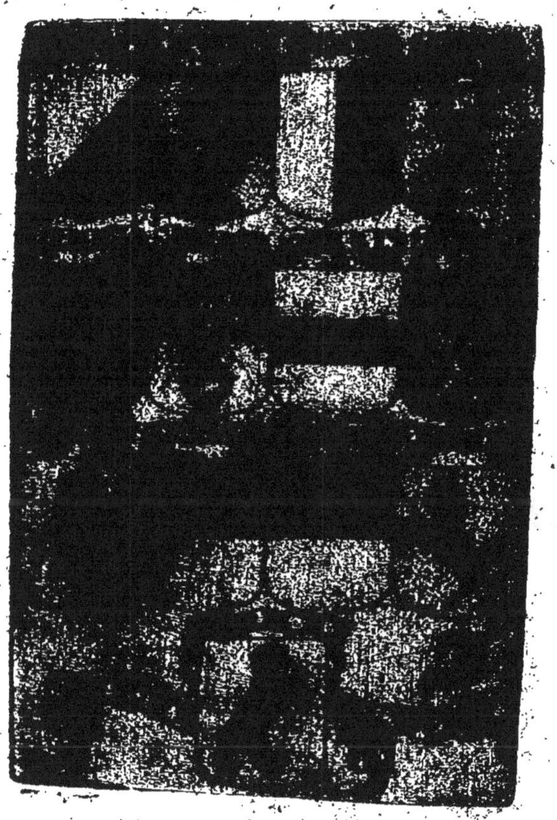

GENEVE
NEVCHASTEL

Noms et Armes des Royaumes Principautez et aues Seigneu=rie, d'Allemagne.

Les 4 Royaumes

Boheme. Hongrie Dannemarc Pologne

Les 4 Duchez

Lorraine Suaube Bauiere Brunsvic

Les 4 Langraues

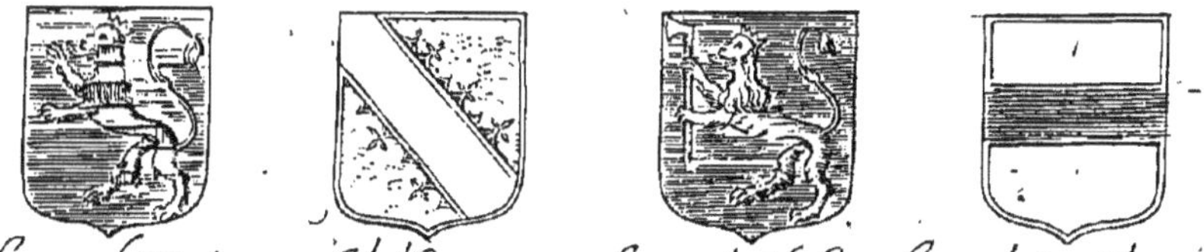

Langr de Turinge Edelsass Langr. de Hessen Langr. de Lentēbourg

Les 4 Marquisatz

Baden Meichsen Brandebourg Morauie

Cleues
Sauoye
Schwartzbourg
Zilli
Les 4 Bourg graves
Stromberg
Reineck
Magdebourg
Nuremberg
Les 4 Cheualiers
Andelaw
Weissenbac
Fauuemberg
S Trundec
Les 4 Barons
Aldem Waldt
Thusis et Rar
Westerberg
Linbourg ancien

Suitte des Seigneuries et dignitez d'Allemagne

Les 4

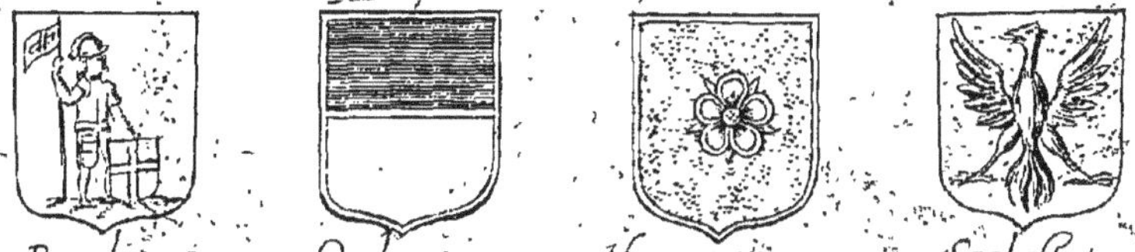

Bamberg — Oulmes — Haguenaw — Scelestat

Les 4 Metropolitaines

Lubek — Aquen — Metz — Ausbourg

Les 4 Bourgs

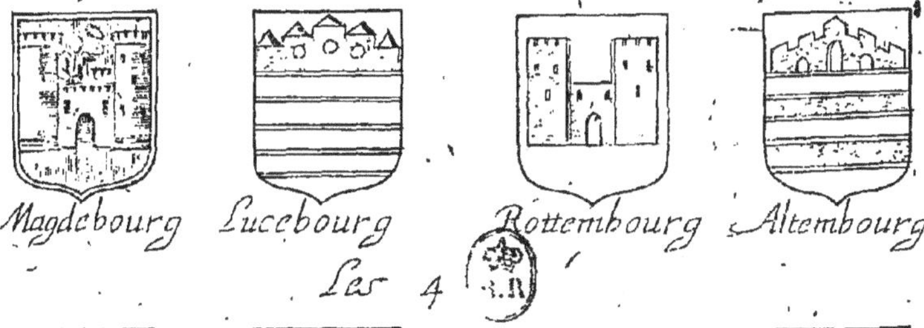

Magdebourg — Lucebourg — Rottembourg — Altembourg

Les 4

Saltzbourg — Constance — Regensbourg — Coln

Le 4 Vicariatz
Suitte des Seigneuries et dignite d'Allemagne 178
Brabant
Saxe ancien
Westrich
Silesie
Milan
Padoue
Scala
La Mirandole
Les 4 Marechaux
Papenheim
Guli
Meßeen
Vinsting
Les 4 Abbayes
Murbach
Wissembourg
Campidon
Fulda

Les 4 Osts d'Allemagne
Suitte des Seignerie et dignite d'Allemagne
Mest
Schombourg
Orange
Horne
Les 4 Hameaux
Ingelheim.
Altdorf
Lichtenaw
Denkendorf
Les 4 familles
Rabnaw
Aren.berg
Hirten a fulch
Walgdeck
Les 4 Montagnes
Musterberg
Freidenberg
Heidel berg
Nuremberg ancien

Les 4 Officier d'Allemagne

Suitte des Seigneurie et dignite d'Allemagne

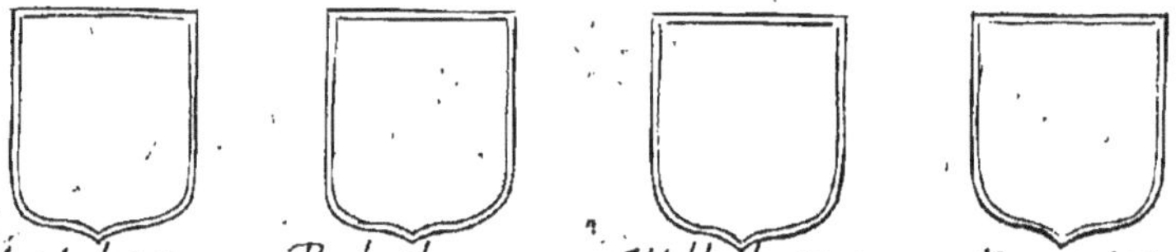

Mavkdorp | Radach | Waldt bourg. | Kemnat

Les 4 famille,

Austriche | Saxe | Brunsuic | Bauiere

Les 4 Cheualiers Comtes

Flandres | Tirol | Aldembourg | Ferrare

Les 4 ville

Suedde | Vienne | Praque | Cracouie

Noms et Armes des Plus nobles maisons et famille d'Angleterre

Willem Parolett Comte de Winchester

Wilem d'Albine Comte d'Arundel

Veer Comte d'Oxfort

Thomas Algeron Comte de Worcester

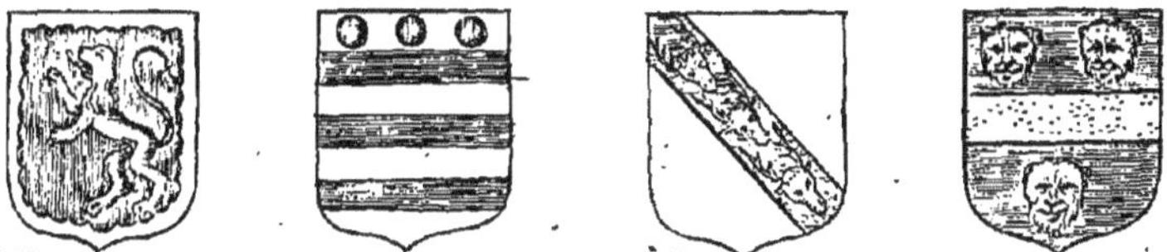

John Talbot Lord Talbot of Normandie

George Gray Comte de Kent

N. STanley Comte d'Arbie

Mich. de la Poole Comte de Suff

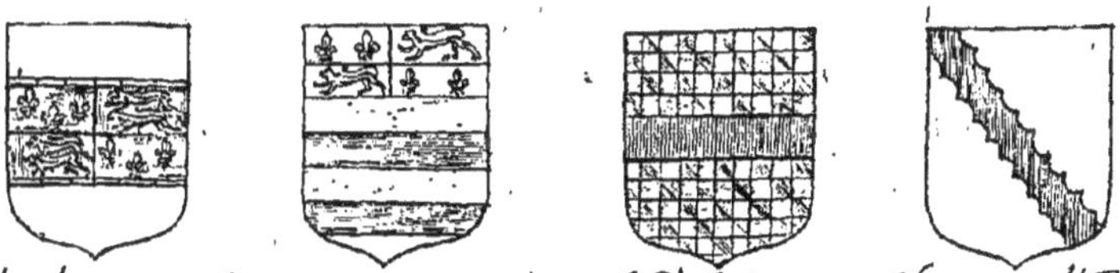

Charles Sommerset Comte de Vorcester

Thom. Manners Comte de Rutland

N. Cliff Comte. de Comberlandt

Henry Racliffe Comte de Sussex

N. Hastings Comte de Huntington

N Bow chet Comte de Bathe

Thomas Vociothesley Comte de Soutschampton

John Russel Comte de Bedford

Suitte des Armes des familles Nobles d'Angleterre

Willm Herbert Comte de Penbrok

Ewrard Seymar Comte d'Herfort

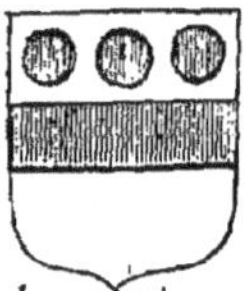

Walter, Vicomte d'Herfort

Willm Lord Clinton Comte Huntington

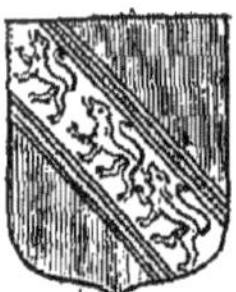

Le Vicomte de Montegu

Thomas Howard Vicomte de Bingdon

Lord Audley,

Lord Zouche

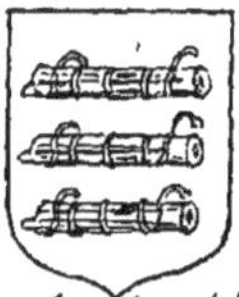

Lord Wilonghby of Ersby

Lord Stourton

Lord Luraley

Lord Dacre

Lord Morley

Thom. Efitzharding Milord Burkley

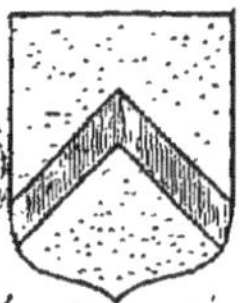

Milord Stafford

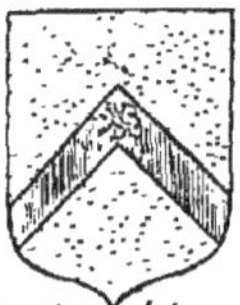

Lord Cobhara

Raynold Gray Lord Gray
N. Scroope Lord
Peter Monhaute Lord
Thomas LoVel Lord Montjoy.
Milord Ogill
Lord d'Arcy
N. Stanley Lord Monteglc
Lord Windesor
Lord Went Word
Lord Burgley,
Turquin? Comte de Warwike
Lord Sander
Lord Euer
Watton
Lord Mordton
Milord CromWel.

Lord Reiche

Lord Wuilughby

Lord Schesselò

Thomas Lord d'Arcie

Lord Howard

Edward Lord Norts

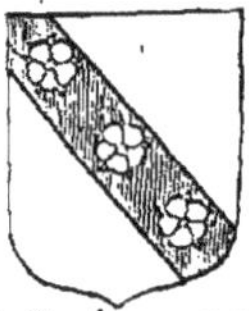

N Lord Hunsdon

John Brudge Chandlos

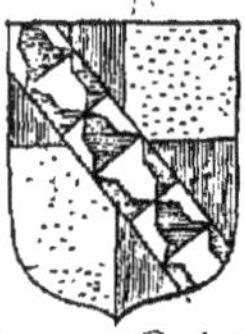

Thomas Sarkvile Lord Buckhurst

Willelm West Lord la Warre

Lord Burghley,

Lord Compton

Lord Chenoy

N Spencer Lord

Galfrid Clinton Lord Clinton

Lord Lucye

B
Monsieur de Pommereu
Conr du Roy en ses Conseils
President en son grand Conseil,

Presidents au Grand Conseil

Mr Louys de Machault Receu le XIX. Decembre .1631.

Mr Thomas le Liepure Receu le V. Nouembre 1637

Mr Guillaume Briçonnet Receu le II. May 1644

Mr Charles Amelot Receu le X. Apuril .1645

Monsieur de Bordeaux President

Monsr de Garibal President

1

Semestre d'Hyuer

Mr Philippes Charpentier Receu le XIX decembre 1605

Mr Estienne de Creil Receu le 1626

Mr Charles le Clerc de Lesseuille Receu le IV Mars 1630

Mr Francois Hennequin Receu le XIV Janvier 1632

Mr Jacques de Bretignieres Receu le IV Janvier 1633

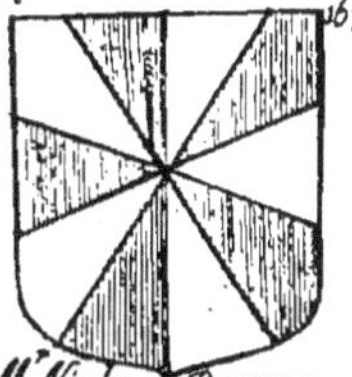

Mr Nicolas de Bugnons Receu le XX Aoust 1642

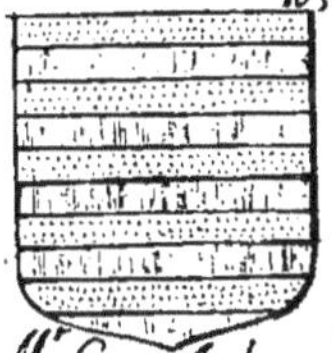

Mr Louys Aubery Receu le XX Febvrier 1634

Mr Jean Bernage Receu le XX Juillet 1643

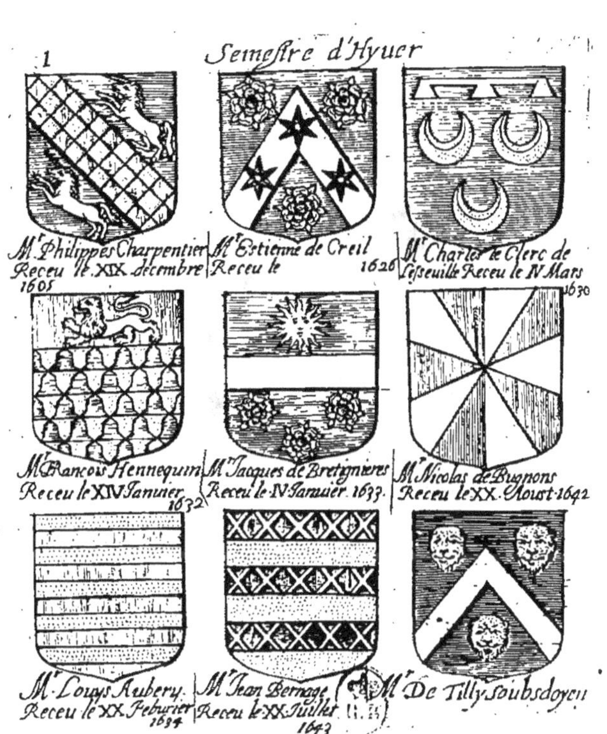

Mr De Tilly soubsdoyen

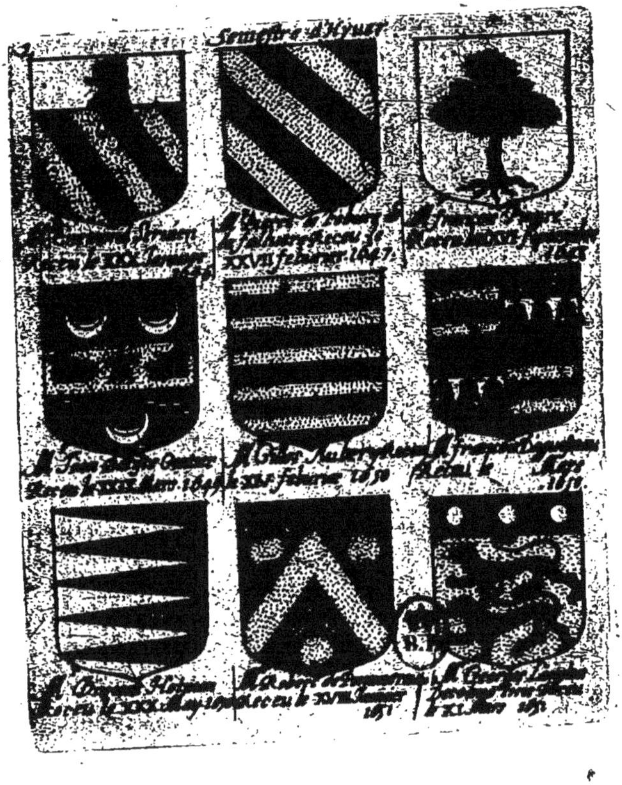
Semestre d'Hyuer
XXVII febrier 1647.

Mr Hierosme Poart Sr de Valence Receu le XXIII Aoust .1651.

Mr Pierre Larcher Receu le Mars .1652.

Mr Michel Hierosme More au Receu le XXI nouembre .1652.

Mr Jean Marcel de Bouqueual le fils Receu le

Mr Jean de fourcy Receu le XVIII Mars

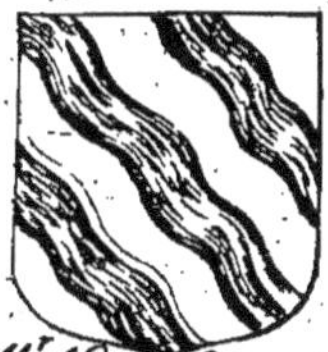

Mr Nicolas Genoust Receu le XXVI nouembre .1652.

Mr Hppolite D'argentre Receu le XXVII feburier 1634

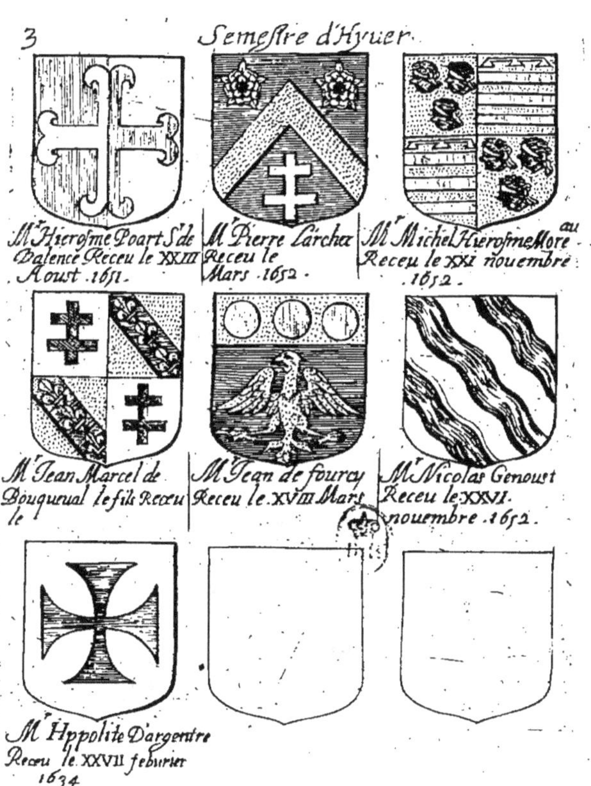

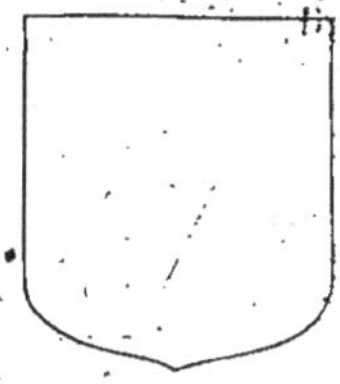

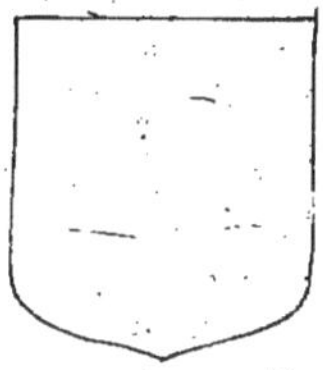

Semestre d'Esté
Receu le XVII May
Receu le II Juillet
Receu le VII Decembre
Receu le XXII
1639

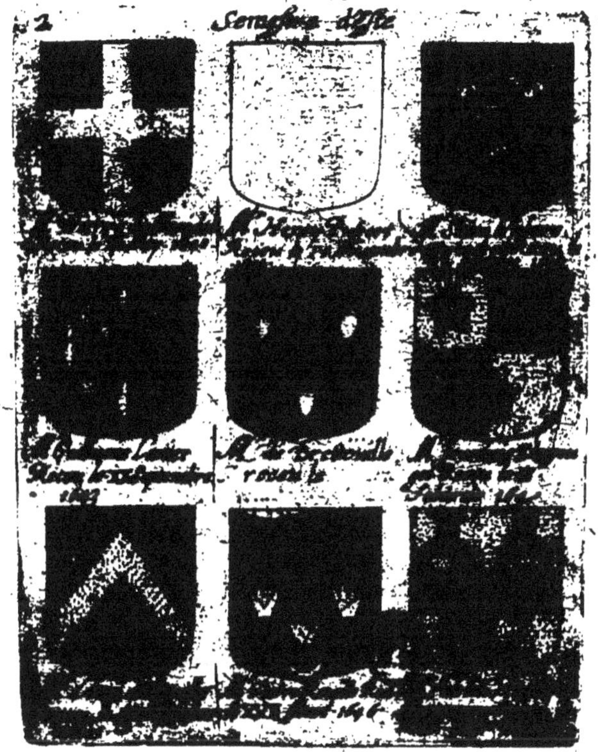

3
Semestre d'Este
Mr de Thiersault
Receu le 165
Mr Nicolas Nicolay
Receu le XXV May
1648
Mr Thierry Rebours
Mr Lauocat
receu le
Receu le XXIX Mars
1613
Mr de Bordeaux
Mr Garnier

L'empire de la Mort
Nolin. f.

www.ingramcontent.com/pod-product-compliance
Lightning Source LLC
Chambersburg PA
CBHW070303290326
41930CB00040B/1888
9782012524859